自兎で知るロシア

増補版
ゴルバチョフからプーチンまで

КобаясиКадзуо
小林和男

かまくら春秋社

増補版

白兎で知るロシア

ゴルバチョフからプーチンまで

装丁　日下充典

目次

神様は三つがお好き

ロシアの人たちがしばしば使う諺に「神様は三つがお好き」というのがある。三つとはキリスト教で言うところの三位一体、つまり神と子と精霊をさすのだが、ロシア人が使うのは何も敬虔な心持ちのときだけではない。

まったく逆に、なんとも俗っぽい使い方をする。例えば酔っ払いたちがもう一杯やろうやなどと言う時に、その一杯を正当化するために「なんたって神様は三つがお好きだから」というわけだ。

一杯を何回重ねても三つに留まっていることが、しらふの者にはなかなか理解し難いのだが、酔っ払いにそんな理屈を言ってみたってしょうがない。ついには三人前を飲むことが神様のご意向に沿うという解釈になってゆくのだから、この諺がいかに俗っぽいか、そしてそれだけにいかに人々の生活の中に溶け込んでいるかお分かりいただけるだろう。

この諺がロシア人の生活にしみ込んでいることを示すもうひとつの例が挨拶である。親しくなったものが心のこもった挨拶をする時、身体を抱き合い、頬に右左右チュッ、チュッ、チュッと三回のキスをする。

男女の間だけではなく男同士でも同様だ。欧米のキスは一回せいぜい二回だと思うが、同じキリスト教社会でありながらどうしてロシアだけが三つになるのか、その理由は知らない。神様は三つがお好き式の挨拶は広く行われているのだが、それでも熱烈神様お好きの人たちと、余り三つにこだわらない人たちに分かれる。

私が知っていて、恐らく読者の方々もよく御存じの人たちの中で、音楽家を例に取れば、熱烈組に属するのがチェリストにして指揮者のロストロポーヴィチである。

彼の挨拶は情熱的で濃厚で、三回のキスは欠かさない。おおむね剃り残しのヒゲが頬にちくちくと刺さるのだが、世界のマエストロにそんな挨拶をされて、痛いと文句をいう人はいないだろう。

世界的な人間のこの熱烈な挨拶は人を感動させる。九五年の松本でのサイトウ・キネン・フェスティバルに彼はやって来た。小澤征爾さんと大の仲良しであることは良く知られていて、二人の間は本当に愛称で呼び合う仲である。

この年は武満徹さんのファミリー・トリーという曲が演奏された。会場には武満さんも見えていた。そのしばらく後に武満さんがお亡くなりになったことを知ったのだが、そのこともあって思い出の深いコンサートだ。

もうひとつ思い出が深いのは私の恩師とロストロポーヴィチの出会いである。私の高校時代の担任だった先生は日本史が専攻だったが、クラッシック音楽が大好きで、私は彼の影響で音楽に親しむようになった。

恩師は単に好きだというだけではなく、知識も理解も深く、サイトウ・キネンのプログラムにオペラの解説も書いている。しかし病魔に倒れ、この年のサイトウ・キネンには車椅子でやって来られた。言語も明瞭ではなく痛々しかった。

会場で会ったロストロポーヴィチに私は恩師の話をした。彼はすぐさま「よし元気づけてやろう！」と恩師の席に駆け寄り、「話は聞いた、元気を出して」と言いながら、例の三つを熱烈にやってくれた。

恩師は言葉にはならなかった。ぼろぼろと涙をこぼし、感動と感謝を表した。

恩師はその後数年寝たきりの生活をすることになった。年に一、二度見舞いに行くたびに、こちらの呼び掛けに対する反応も鈍くなり、生命の火が小さくなってゆくのがはっきりと分かった。

そのなかで確実に強く反応する言葉があった。手を握りながらロストロポーヴィチの名前を出すと、不思議に強く握り返してくれるのだ。

音楽好きのわが恩師にとって、不自由な身体に世界のマエストロが強烈な抱擁をしてくれた記憶は強烈なものだったろう。恩師が亡くなったのはその言葉にももう反応する力を失った時だった。

話がだいぶ横道に入ってしまったが、ロシア式の挨拶の話である。ロストロポーヴィチとは対照的に、この三回の抱擁をほとんどやらないのがマリインスキー劇場の芸術監督で指揮者のヴァレーリー・ゲルギエフだ。大きな目で相手を見つめて親しさを表現するが、抱擁をするとしても西欧風に一回のハグである。

情熱の強さにおいてはロストロポーヴィチもゲルギエフも人一倍である。友人へのあたたかさも変わらない。何が二人の違いを作るのか、いつも考えてしまうのだが、恐らくは年令も育った環境も関わっているのだろう。そう言えばロストロポーヴィチは話の中によく神という言葉を使う。

ソビエト共産主義体制の中で地位も名誉もすべて持っている彼が、そのソビエト体制をこっぴどく批判し、暗部を暴露したノーベル賞作家ソルジェニーツィンを庇い、一転して国家に対する反逆者を支持するものとして批判を受ける。

なぜそんなことをしたのかという問いに彼は神を引き合いに出しこんな事を言ったことがある。

「誰でも自分の心を神に問われる時が必ず来る。心に背かなかったか、自分の一時の利益のために友人を売り、困っているものを見て見ぬふりをしたことはないか、と」

二〇〇三年五月で五〇歳になったゲルギエフは話の中に力という言葉が良く出てくる。「僕は少しの睡眠時間でも働ける力をもらった。それは両親や民族、そして育った場所の環境の影響もある」と言う。

ソビエト共産主義体制が崩れてロシアの人たちがおしなべて自信を失い、将来への希望を持てないでうろたえていた時に、ゲルギエフがオーケストラの団員や歌手たちに呼び掛けた言葉が「力」である。

「おれたちには力がある。いまこの力を磨いておけば必ず世界が買いにくる。力をつけよう。うろたえるな！」

弱冠三八歳でロシア文化の殿堂マリインスキー劇場（当時はキーロフ劇場の名前が使われていた）のリーダーに選ばれた時、仲間に呼び掛けた言葉である。そしていまその通りになり、彼のオーケストラとオペラ、バレエは人材が育ち、世界から呼び声がかかっている。

二人の言動に私は挨拶のやり方の差が見えているような気がする。

政治家で三つがお好きが好きな人物はまずエリツィン前大統領である。大袈裟に相手に抱きつき抱擁とキスをする。極めて情緒的である。この挨拶にころりとまいってしまう人は多い。九七年の一一月シベリアの大河レナ河のほとりのクラスノヤルスクで非公式の日ロ首脳会談が行われた。御存じ橋本エリツィン会談である。

日本側のたび重なる要請で開かれた会談で、ロシア側はそれだけでも優位に立っていた。おまけにこの直前にエリツィン大統領は反対の多い議会を力で押え込むことに成功し、上機嫌だった。

機嫌がいいのにはもっと個人的な事情があった。直前に六番目の孫が誕生していた。ただでさえ酒好きの人物にこんな時に酒を控えろというのが無理と言うものだろう。エリツィンさんは大きな身体で大袈裟に橋本総理を抱き締め、リューと呼び掛け親しさを見せつけた。

理解しあえたのだ、友達になったのだと受け取っても非難出来ない状況である。しかしその時冷静に状況を判断するのが随行者の役目である。

過去のエリツィンの日本に対する言動がどんなものだったか、彼が酒の影響下で天下に約束したことのうち一体実現したものがあるのかどうか。

この時成果として賑々しく発表されたのが〝クラスノヤルスク合意〟なるものである。エリツィン大統領が言い出したもので、〝西暦二〇〇〇年までに領土問題を解決して平和条約を結ぶ〟というのである。

正確に言えば〝結ぶよう努力する〟となっているのだが、成果を謳いあげる中でそんな表現は影にかすんでしまっていた。

有頂天になっている日本側に対してロシア側は冷静だった。会談に同席した側近の一人が「エリツィンさんはロシア連邦共和国の大統領閣下ですぞ」と付け加えていた。

大統領の最大の責務は何か？　領土の保全である。大統領の発言が領土での譲歩を意味するものではないよと、釘を明確に刺していた。

政治家に野心を持つなというのは無理な話だろう。領土問題を手掛けて長期政権を維持してやろうと政治家が考えるのは結構なことだ。しかしその野心のために判断が曇れば国益に反する。

その時に冷静な判断をすべきは随行の外務省の官僚だろう。ロシアの専門家たちである。〝大統領だ〟の一言にどういう意味が込められているのか、分からないはずはない。

クラスノヤルスクの会談の不幸は冷静に情報を分析すべき外務省の人たちが、自分達も成果を欲しかったために、曇った判断をした政治家に同調してしまったことである。ロシアの外交官は、エリツィン大統領が発言したことは間違いないが、彼のその類の言質がどれだけ破られてきたかを、日本外務省はまったく分析の中に入れていなかった、と断定している。

その結果がどうなったか。領土の一部でも返って来たのだろうか。あるいはロシア側が領土交渉に真剣に取り組んだであろうか。

実効性のない合意に政治家も外務省も乗り、合意を現実のものにする手助けとして北方支援、人道支援なるものが幅をきかせるようになった喜劇は先刻御承知の通りである。

あの空騒ぎはエリツィンさんの三つがお好きがつくり出したドラマである。

この三つでエリツィンと対照的な政治家がゴルバチョフである。二人は同じ年令だが、ゴルバチョフは親しい人物に接する時にも抱擁はするが三回のキスをするのはほとんど見たことがない。相手の目をまっすぐ見つめ、大きな力強い握手で挨拶をする。冷たいのでは決してなく、あたたかさはその目線と笑顔に表れる。

ゴルバチョフとエリツィンは犬猿の仲である。エリツィンはゴルバチョフを優柔不断な男と呼び、ゴルバチョフはエリツィンを知的水準が十分でない人物と呼ぶ。

どう考えてみても人間として、政治家としてどちらに広い世界観があり、見識をそなえているかと問えば、答えははっきりしている。雲泥の差、月とスッポンだと私は思う。

しかしソビエト連邦の末期、人気を得たのはエリツィンの方だった。ゴルバチョフは喋るだけだ。何も現実にならない、と人々は非難した。七〇年も続いた親方赤旗の経済が、ゴルバチョフの改革宣言から数年で日本やアメリカのようになったらそれこそ不公平というものだろう。しかし人々はそれを期待して落胆し、その結果明日にでも世の中ががらりと変わると大口をたたくエリツィンの側に立った。

この選択を現地でつぶさに見ていた私には、民衆とか大衆とか国民という多数のものの選択が、時にいかに愚かなものであることがあるかが身にしみている。

今の社会では国民の支持、国民の理解は絶対のものである。しかし長い目で見た時にその国民が正しい選択をしているとは限らない。ゴルバチョフとエリツィンはそのことを教えてくれている。

プーチン大統領はエリツィン前大統領から絶大の信頼を得て後継者に指名されたリーダーである。三つが大好きな人の後釜ではあるが、三つに関する限りエリツィンの後継者ではない。

どんなに親しい人物と会っても、彼の挨拶は冷静なまなざしで相手を見つめ、握手をするだけである。その視線は時に冷たいくらいで、どんなに親しくなっても、新たに会うたびに相手の心を探っているような目線である。秘密警察のスパイだった頃の訓練が消しがたく身にしみ込んでいるのかも知れないと思う。

そのプーチン大統領が二〇〇二年八月実に奇妙な行動をした。ところは極東のウラジオストク、この時のもう一人の主人公は話題の人北朝鮮の金正日総書記である。

金総書記は二〇〇二年もロシア訪問に出かけた。二〇〇一年は一か月近くをかけた列車によるモスクワ訪問だったが、二〇〇二年は極東に場所を限定した。北の独裁者を迎え、プーチン大統領もウラジオストクにはるばるやって来て金総書記を出迎えた。

首脳会談を前に金総書記を迎えたプーチン大統領は総書記を親しく抱擁し、右左右と〝三つがお好き〟をやったのだ。テレビの映像を見て私はしばし目を疑った。しかしこの映像は繰り返し放送され、間違いなくプーチン大統領がこれまでやったことのない挨拶をしたのである。

何故だ?

プーチン大統領は金総書記に親しみを抱いているのか、本当の友人なのか。プーチン大統領は金総書記の政治方式を支持しているのか、共感を持っているのか。

いずれの問いに対してもそうだという答えは出てこない。ロシアの人たちは金総書記が旧ソビエト生まれで、幼い時はユーラというロシア名で呼ばれたことは知っているが、彼を好きだと言う人にも、彼を尊敬してるという人にも、まして彼に親しみを感じているという人に会ったことはない。

有り体に言えば北朝鮮の政策はかつてのソビエトのスターリン時代を思い起こさせるものである。国民の間に到底北朝鮮への共感を見つけだすことは難しい。

ではプーチン大統領は違うのか。大多数のロシア国民と同じ感情だろうと推察する。では何ゆえにめったにやらない挨拶で金総書記を迎えたのか。私はテレビカメラの前だったということが、答えを推察する根拠になると思う。

プーチン大統領は同時多発テロの対策でアメリカに積極的に協力した。中央アジア諸国の軍事基地にアメリカ軍が入ることにはロシアの軍部に強い反発があった。にも拘らずこれを認め、アメリカのアフガン攻撃に力を貸して協力した。

とてつもない軍事力によってアフガニスタンからタリバンが追い出され、テロリストとみなされる者多数が身柄を拘束され、曲がりなりにも新しい政権が出来て、アフガニスタン情勢は一段落したかのように伝えられている。

ここに来てアメリカに力を貸したロシアの影は急速に薄れている。感謝の言葉もさして聞かれない。その上にアメリカはイラク攻撃に妙に熱心になっている。執心していると言ってもいい。

イラクは伝統的にロシアの友好国である。ロシアの中東政策はイラクを足掛かりに進められている。アメリカがイラク攻撃を言い出した二〇〇二年の始めには、ロシアはわざわざイラクのアジズ副首相をモスクワに招き、何回も会談をしている。

そのイラクをならずもの国家、テロ支援国家として攻撃し、フセイン独裁政権を潰そうと言うのである。イラク同様に北朝鮮もアメリカからテロ支援国家の烙印を押されている。その国の独裁者との挨拶が三つである。いつもはやらないことである。

これ見よがし、という言葉が浮かぶ。ロシアを利用し、ご用が済めば軽く見るアメリカへのメッセージだと私は受け取った。好きか嫌いか、親しいか親しくないか、敬意を持っているかいないか、そんなことをさっぱりと捨てて、国益の為には独裁者であろうと死に神であろうと、抱擁し挨拶ができる人物である。

日本が領土という国家の一大事を引っさげて交渉に当る相手はそういうリーダーである。

名前の呼び方で知る人間関係

長い間ロシアで暮らした余得で、私は人に大変羨ましがられる友だちを持っている。たとえばあのロストロポーヴィチである。世界のマエストロ、チェリストにして指揮者の彼である。

彼の人生は勇気と良心そのものだと思う。ソビエト共産主義体制のもとで音楽教育を受け、早くから世界的な名声を得て、地位も金も何の不自由もない時に、彼はこともあろうに、共産主義という権力と体制に盾を突く作家ソルジェニーツィンの味方になった。

権力と言ったって並みのものではない。世界を二分する一方の権力であり、その権力はいずれは敵対する資本主義陣営を墓場に送り込み、世界を支配してみせると意気盛んなとんでもない権力である。

体制に逆らわず大人しく演奏活動だけを続けていれば生活も名誉もすべて保証されていたの

に、老作家の住む家もないという苦境に黙っていられず、自分の広大な別荘の一室を提供した事からロストロポーヴィチ夫妻と権力の軋轢が始まる。

事の結果を言えば御存じの通り、ロストロさんに国威が謝罪し、歴史は良心に従って行動したものに軍配を高々とあげるのだが、ここはその委細を述べるのが主題ではない。

仕事を通じて知り合ったこの偉大な人物と気持ちを通わせ、スケジュールが一杯詰まっているにもかかわらず日本にやってくると、川崎の北部にある我が家にやってきて、女房の手料理を食べながらいろいろな話をしてゆくという、皆さんを羨ましがらせる話である。

本題はここからだ。ロストロポーヴィチとはよく会っている。親しいと言ってもいいだろう。しかし会うたびにロストロともめることがある。名前の呼び方である。

親しくなり、お互いに自宅を訪問し、かなり際どい話もするようになったとは言え、日本人の私は彼を「君」とか「お前さん」といった呼び掛けをすることはできない。心の中にある彼への敬意の気持ちから、自然と「あなた」あるいは「マエストロ」という呼び掛けになる。

これに対してロストロさんは毎回激しく反発する。『スラーヴァと呼べ、スラーヴァと！』スラーヴァとは彼のファーストネーム、ムスチスラフの愛称である。私を和男、あるいは君、あるいは和ちゃんと呼ぶのに相当する。

日本語では「さん」をつければたいていの場合無難だし、その「さん」につける固有名詞もおおかた姓である。しかしロシアの社会では親しく、心を開きあった者どうしが姓で呼び合うことはない。決まって名前、それも名前の愛称で呼び合う。

ロストロさんが日本的な感情を踏まえた私の呼びかけに反発し、君と呼べ、君と！　と言うのは、俺とお前は「あなた」などとよそよそしく呼ぶ関係ではないだろうという意味である。うっかりいつもの癖で「ロストロポーヴィチさん」などと言うと、「お前とはもう話さない」という言い方さえする。

ロシア語で名前の呼び方は他にも目上の人、尊敬を込めての言い方などがあるが、とにかく人がなんと呼び合っているかで、その関係をかなり知ることができると言うわけだ。

この名前の呼び方でつい最近大変悲しい出来事があった。悲しい出来事ではあったけれども、一方で我が国のロシアに対する外交がいかなる次元で行われ、ロシアに軽く見られることになっているかを、よく知ることができる機会になった。

ロシアのプーチン大統領は日本の度重なる要請に応えて二〇〇〇年九月始めに日本にやって

来た。日本とロシアの間にはまだ平和条約がないという異常な関係がある。その原因は北方領土である。

この問題を二〇〇〇年までに解決するよう努力しようと合意したのが、御存じ橋本元総理とエリツィン前大統領である。一九九七年シベリアの町でネクタイなしの非公式会談を行い、意気投合したとかで、リュー、ボリースと愛称で呼び合って、合意したのだという。

プーチンの日本訪問はその合意を実現するためのものである。首脳会談のカウンターパートは森喜朗総理大臣である。会談は三日間にわたって行われ、最終日の九月五日午前、二人がテレビカメラを前に共同記者会見に臨んだ。

まず森総理がメモを読み上げ成果を強調した。その中で森総理はプーチン大統領を「ウラジーミル」と呼んだ。ウラジーミルの名前は何回も繰り返された。森総理が読み上げたメモは外務省のロシア専門家が用意したものである。もちろんその心は、森総理はプーチン大統領と三日間にわたる会談で理解しあい、親しくなったということである。

次いでプーチン大統領がマイクの前に立った。メモを見るでもなく、自分の言葉で会談を総括した。私は法学部の出身だから、橋本、エリツィンの合意はよく理解できるが、日本側が非難するように約束に違反していることはない。合意なるものは領土問題を解決して平和条約を結ぶよう努力すると書いてあるだけで、条約を結ぶとは言っていない。ロシアはなんら約束違反をしていませんよ、という人を食った発言をしたのもこの時である。

私が注目したいのはこのことではない。ウラジーミルと親しみを込めたつもりで、ファーストネームを連発した森総理に対して、プーチンはヨシロウはおろか、モリとも一言も言わなかったのである。プーチンは終始「日本国首相」で押し通した。

通訳をしていたのは先年まで東京の駐日ロシア大使館で大使の通訳をしていたクラコフである。長い付き合いで彼の性格も知っているが、この異常な事態に、彼がいったいどう通訳するだろうかと聞き入った。

はじめはプーチン大統領の発言通り日本の首相で訳していたが、途中で余りの事と思ったのだろう。何回かモリ首相と訳したのである。これは明らかに誤訳である。もとの発言にない言葉が付け加えられているのだ。

日本通の彼は日本人の気持ちを斟酌して敢えて誤訳をしたのだと私は思う。名前を追加したことによって、日本語訳を聞いている限り、多くの人たちはさほど異常なことに感じなかったかも知れないが、ロストロさんと私の名前の呼び方をめぐる騒ぎでおわかりのように、これは容易ならざることである。

日本側が心を割って話し合い理解しあえた、と言っているのに対して、プーチンはテレビカメラを前にハッキリとそんなことはない、われわれの話し合いはあくまでよそよそしいものだった、と天下に明らかにしているのである。

言葉に神が宿ると言う。私達は毎日言葉で喜び、言葉に悲しさを感じ、言葉に勇気を与えられる。秘密警察出身のプーチン大統領に親しみを感じることはできないが、それは彼が伝えてくるメッセージをきちんと読むかどうかとは別の問題である。

日本にやってくる前にプーチン大統領は極めて非情な判断ができる人物であることをクールスク原子力潜水艦の沈没事件で世界に示した。情緒に左右されず、極めて冷静に冷たくことに当たる人物であることをロシア人も知らされた。

情緒的にファーストネームで呼びかけて冷たく跳ね返された共同記者会見は、日本の外交の弱点をさらけだしたといってもいいだろう。もちろん森総理大臣はこのことについてはまったく気付いておられないだろう。外務省が、いやあのメモはとんでもない失敗でした、と告げたはずもないからだ。

口舌の国

言葉の使命は何かと言えば意志の伝達である。なんでいきなりこんな分かり切ったことを言い出したのかというと、どうも私たち日本人は、話し言葉で意志を伝達するのがあまり得意ではないのではないかと考えたからだ。

職業柄で私はテレビで外国のニュースを見ることが多い。最近は大変有り難いことに同時通訳の方々が大活躍をしていて、知らない言葉のニュースの場合には日本語で聞くことができる。その恩恵に浴している私だが、どうもそのときに日本語の意味がすんなりと頭に入ってこないことが多い。

通訳の言葉を吟味してみると確かに正しい構文の日本語になっているのだが、耳から入った時にスムーズに内容が理解出来ないのだ。

その原因を考えてみると、どうも通訳の方の言葉の抑揚にあるらしいのだ。特に同時通訳というのは訓練の上に特殊な才能を要求される仕事である。外国語ができるという程度のことでできる仕事ではない。神経を研ぎすまし、注意力を集中させ、恐ろしく体力のいる仕事だと聞いている。

時間内に正確に訳すことに神経が集中していて、抑揚などに配慮する余裕はないのではないかと理解する。その結果発音される日本語は平板でリズムがなく、これがすんなり私の頭に入ってこない理由だろうと思う。

では例えば日本語をロシア語に訳すロシア人の通訳はどうかというと、これがおおむね聞きにくくない。つまり私の言う、リズムがあり、抑揚があり、平板でない、すんなりと理解できる言葉になっていることが多い。

これはいったいどういうことなのだろうかと考えるのがここでのテーマである。

ロシアで暮らして言葉で驚いたことの一つは外国の映画がほとんど例外なく吹き替えで放送され、上映されていることである。字幕でもとの外国語を聞くことはほとんどない。ロシア以外で暮らした人たちの話を聞くとだいたい同じようなものだという。

そしてもう一つ驚くのは、その吹き替えが実に見事なことである。口の動き、動作に合わせ、ショーン・コネリーがロシア語を喋り、ジョディ・フォスターが歯切れのよいロシア語で大活躍をするのである。

日本でも刑事コロンボがすっかり吹き替えの声で定着した例は承知しているが、私の体験からいえば、日本語吹き替えは不自然な発声や、無理な言葉遣いで、しっくり情感を味わうことができないように思う。

その理由を探って行くと、同時通訳の問題にも共通点が見つかる。それはロシアでのロシア語教育が、声を出す国語教育に大変大きな力点が置かれていること、そしてその教育の発想のもとになっているのは、言葉で相手を説き伏せるという社会の全般的な風潮があるように思う。

はじめてロシアに住んでテレビ特派員の仕事をしたとき、通りで通行人にいきなりマイクをつきつけても、質問にきちんとした文章になった答えが返ってきたのは大変な驚きだった。同じことを例えば東京の繁華街でやったとすると、結果はまったく別のものになる。

答えがあっても単なる単語の羅列であったり、感嘆詞の連発であったりする。文章になった答えが返ってくることはほとんど期待出来ない。

その理由は明白である。国語の教育の問題だ。ロシアでは言葉はコミュニケートする道具、だから明解であればあるほど言葉の目的に叶うし、意志を相手に通じさせるには、相手がすんなりと気持ちよく受け入れてくれるようなスタイルであればあるほど良い、という発想のもとに国語教育が行われてきた。

相手が気持ちよく受け入れてくれる言葉ということになれば、当然のことだが、きれいな言葉ということになる。そしてこのきれいな言葉にはお手本がある。

一九世紀の詩人プーシキンである。ロシアではプーシキンは単なる詩人ではなく、彼につけられる形容は〝現代ロシア語を作った人〟である。

子どもたちは学校でプーシキンの詩を暗唱させられる。暗唱しこれをクラス全員の前で発表し、詩のリズムと抑揚、そして韻の美しさを声を張り上げて競わせる。

子どものときにこうして繰返し声に出して暗唱した文章は、成長しても言葉の基礎として残る。何気なく普通の人と話をしていても、その中にはプーシキンの詩の一節が入っていたりする。

この子どもの時からたたきこまれた言葉の教育が、同時通訳を聞いても、映画の吹き替えを聞いても、不自然ではなくきれいにすんなり耳に入ってくる大本の基礎になっているのではないかと思う。

ひるがえって我が国の言語教育は、ということになると、子どもが懸命にとりくむ受験の勉強の中に、言葉を音に出して表現するという勉強は入っていないようだ。偏見かも知れないが先生方が声を出すというと、組合の大会での大声での怒鳴りあう姿が思い浮かぶのだ。日本語の持つ美しさや優雅さ、そして詩心とは無縁のものである。

〝たたきこむ〟などというと随分乱暴に聞こえるが、言葉の教育に関する限り、美しい簡潔で明解な言葉の基礎を、脳みそが若々しいうちに、刷り込んでおくことはやっておかなければならないことである。国語の教育に関する限り、私はロシア方式に軍配を挙げる。

もし日本で同じようなことをするとしたらそのテキストは何になるのだろう。言葉の美しさに関心をもっておられる読者にぜひ候補をあげていただきたいものだと思う。

ロシア人はこういう言語教育を受けた人々だから言語でコミュニケート出来ない人たちをあまり重く見ない傾向がはっきりしている。その典型的な例が日本の政治家を初めとする指導者たちである。

日本ではごく当たり前の光景だが、パーティーなどで招かれた人たちが挨拶をする。そのとき社会的に地位の高い人は往々にして内ポケットから紙片を取り出し、これをうやうやしく読み上げる。

きちんと準備をしてきたという意味も込められているのかも知れないが、そういう挨拶は紋きり型で、大した中身もなければ、ユーモアもないことが多い。

これがロシア人にはひどく軽蔑される。自分の言葉で話すことが出来ない政治家、指導者というのは、ロシア人にしてみると政治家でも指導者でもない。

先年外務省の外郭団体である財団がロシア各地から日本語を学んでいる学生たちを日本に招待した。研修旅行である。そして研修の終わりにホテルで盛大なパーティーを開いた。オープニングが財団の理事の挨拶だったが、これが〝内ポケットの紙〟であった。しかも長々と、ぼそぼそと読み上げが続いた。

これはまずいと私は思ったが、案の定会場の学生たちからは失笑がもれ、〝日本人をやっている〟というささやきが聞こえた。恐らく研修旅行の日本各地で同じことを体験して来たのだろう。

これまでお伝えしてきたように、ロシアは好むと好まざるとにかかわらず、また善し悪しは別として、〝口舌の国〟である。ロシアばかりでなく、アメリカやヨーロッパ諸国を含め世界の大多数の国が同様である。

二〇〇〇年九月の日ロ首脳会談の後の記者会見で簡単な中身の話を〝読み上げ〟た日本の首相に対して、プーチン大統領が極めて冷たい態度でこれに応えたことは、すでに書いた通りである。

言葉の美しさ以前の問題が、日本を取り巻く大気圏に立ちこめていることを強調しなければならないのは、なんとも悲しいことである。

人を動かす言葉

長い間ロシアで暮らして何よりも幸せだったのは時に恵まれたことだ。共産主義がまだ自負心と自信を持っていて、いずれは歴史の流れで世界は共産主義の支配する社会になると多くのロシア人が信じていた時代から、ゴルバチョフの登場による情報公開の結果、国民がロシアの置かれた本当の姿を知って落胆し、自信をなくし、国への信頼を喪失してゆく姿は、実に壮大なドラマであった。

中でも世界を二分した超大国アメリカとソビエトが話し合いを重ね、信頼関係を築いてゆく様子を、ジャーナリストの端くれとしてその現場で垣間見る機会に恵まれたのはこの上ない幸せだった。

米ソの関係の変化、そして世界の冷戦構造の崩壊に道をつけたのがレーガン大統領とゴルバチョフ書記長だった。御存じの通り、レーガンは偉大なるコミュニケーターの異名を持つ元俳優、そして一方のゴルバチョフはこれまた魅力的な話し手である。この両首脳が歴史の流れを変える会談をしたのがアイスランドのレイキャヴィックである。

人口一〇万の町に世界から押し掛けたジャーナリストを収容する十分なホテルがあるわけもなく、私達は建設中の高校の寮に泊まらされるというおまけはあったが、時代の変化を見る興奮はそんな不便などなんら苦痛にならないものだった。

レーガン、ゴルバチョフの首脳会談は海岸近くのこぢんまりした迎賓館で行われたが、レーガン政権が進めようとしていたミサイル防衛構想を巡って両者が真っ向から対立し、会談は結局決裂のまま終わった。決裂をまず報道陣に発表したのはシュルツ国務長官だった。

ゴルバチョフはなんと言うのだろう。私達は彼の記者会見場に当てられていた高校の体育館でゴルバチョフの到着を待っていた。すでにアメリカは決裂を発表している。ゴルバチョフの言葉を私はぜひとも自分の質問で引き出したかった。とはいっても世界中から九〇〇人の報道陣が詰めかけている会場である。ゴルバチョフが私を指名する確率はどう考えても高くない。そこで壇上から目につきやすい位置に席を確保した。

激論で興奮さめやらず、顔を紅潮させたゴルバチョフが登場した。会場を見渡すゴルバチョフの視線が私の席の方に向いた時私は力を込めて手を挙げた。〝そこの恐らく日本人〟とゴルバチョフが私を指名したのである。〝次のステップはどうなるのか？〟と私は尋ねた。ゴルバチョフは〝決裂ではなく次の段階への出発点だ〟と答えた。

この回答を聞いてアメリカ側も後に会談決裂という発表から軌道修正しその後の米ソの話し合いの継続の雰囲気に繋がっていった。後にゴルバチョフは、会見場に向かう途中どう説明したら良いか悩んでいた、しかし会場の記者団がアメリカの発表で明らかに落胆しているのをみて、あの発言をしたのだと後に私のインタビューで語っている。

自慢話めいてしまうのだが、それは私のねらいではない。要は言葉が果たす役割の大きさを言いたいのだ。ゴルバチョフは情報閉鎖の社会を変えるために進んで記者会見を使った。ロシア語を話す外国特派員がそれ程多くなかった時代で、会見でのロシア語は自分の存在を印象づけるのに役立った。謙遜でもなんでもなく、私は自分のロシア語が立派だとは少しも思っていないが、聞きたいポイントと熱意だけは人後に落ちず強く持っている。下手なロシア語であっても、そのことが〝そこの恐らく日本人〟と言う結果に繋がったと思う。

もうひとつ言葉が肝心なところで大変な助けになった例がある。ジャーナリストになって四〇年近くになるが私にどうしても腑に落ちないことがあった。ベトナム戦争である。私のジャーナリストとしての訓練場はベトナム戦争だった。ベトナム戦争に関わる情報をどう読み、いかに判断するかがかけ出しの国際記者の仕事だった。ベトナムはアメリカの徹底した爆撃で焦土と化し、枯葉剤を撒かれて、三〇〇万の人々が死んだ。なのにどうして長期に亘ってベトナムに厭戦気運は起こらなかったのだろう、なぜ分裂が起こらなかったのだろう?

二〇世紀は戦争の世紀でもある。一億人以上の人が戦争で命を落としている。この戦争の世紀の終わりに私のかねてからの疑問に答えを見つけておきたかった。そのために会ったのがベトナム戦争の英雄ボー・グエン・ザップ将軍である。この種のインタビューにはつきもののごたごたはさんざんあったが、とにかく会うことは出来た。問題はどれだけ心からの話が聞けるかである。

インタビューの席に将軍の長男が来ていた。その名をディエン・ビエンと言った。ザップ将軍がディエン・ビエン・フーでフランス軍を破ったのを喜び、その後生まれた長男にその名をつけたのだという。

年令から見てロシア語教育を受けているに違いないと思い、私はロシア語で話し掛けた。ずばりその通りだった。通訳を通さない話ははずむ。親しさも増す。その様子を八九歳の将軍はじっと見ていた。

これが老将軍の舌を滑らかにした。率直に情熱的に、そしておそらく心から私の質問に答えた。私とディエン・ビエンのロシア語による話がなかったら、おそらくインタビューは全く違ったものになっていたろう。長年の疑問に対する将軍の答えはいとも簡単なものだった。人のため、皆のため、という発想がベトナム人の団結を守り通せた理由だと言うのである。単純でややもすると忘れがちな言葉だが、フランスに勝利して独立を実現し、世界一の強国アメリカを押し返した実績を持つ人の言葉には心にずしりとくるものがある。

今日もテレビから様々な言葉が響いてくる。政治家は『誠心誠意努力し』、不祥事件を起こした官僚は『国民の皆様に多大なる御迷惑をおかけしたことをお詫びし』、自分の言葉と取材に自信のない記者は、『政府が苦しい対応を迫られている』と常套句で逃げ、カメラの前のモニターに写し出された文章を棒読みする。

言葉は人を動かす力を持っている。その力をどうして無駄にするのか！　とテレビの前で惜しむ毎日である。

立看板のスローガン

初めてロシアの地を踏んだのはもう三〇年以上前になるが、空港から市内に入ってかけ出しの特派員にまず印象的だったのは広告のないことだった。社会主義経済体制で、すべてが国家の決めた計画に従って動いている社会だから、当然のことながら競争などというものはなく、広告など必要としないのはあたりまえだった。醜悪な、うるさい広告の林のなかで生活していた者にとっては実に新鮮な驚きだったのだ。

そのロシアに広告が現れはじめるのはゴルバチョフ政権の末期で、その第一号と言うべきものは、空港から市内に向かう道路沿いの立看板だった。なにしろ道路の両側は畑と林と草地だけで、空間はいっぱいあったから、建てられた看板も巨大なもので、空港と市内を往復するものにはいやおうなく強烈な印象を与えることになった。第一号の仲間は韓国の航空会社と日本の電機メーカーだったが、一〇年以上たった今でも忘れない程効果抜群だったということだろう。

その社会で広告と言えば共産党のかかげるスローガンだった。建物の上に据えられた大きな看板で、ほとんど文字だけ、夜にはこれがネオンで輝くというものだ。明かりの少なかったモスクワで、このネオンのスローガンはいやでも目につく代物だった。

何をかかげているかと言うとまず共産主義賛美である。〝共産主義万歳!〟から始まって、〝共産主義は世界の未来だ〟とか、〝共産党は人民の党だ〟さらには〝党は現代の知恵と良心と尊厳である!〟などというものもあった。

なにせ派手なもののない町でのことだからどこにどのスローガンが掲げられているかすぐに覚えてしまう。郵便局に行くには〝人民〟で左に曲がって〝良心〟を二〇〇メートル先に進むと〝未来〟があるからそこで下を見ると郵便局だ、といった具合である。

スローガンを見ているとは共産主義とはなかなか立派なものだと思うのだが、その中でしばらく生活してみるとスローガンの裏の真実なるものが見えてくる。要は実体とかけ離れた共産主義社会のほころびを、なんとか繕うために掲げられているものであることが分かってくるのだ。

言うなれば権力者、人民を導いて行く共産党がこうあって欲しいと言う願いが表現されたものであり、裏を返せば実体は逆だと言うことだ。

その最たるものは労働である。社会主義国では労働者は平等で保護され、失業の不安もなく、喜んで国のために明るく働いている、というのが表向きの話だった。よそ事ではない。日本の労働組合運動だってこのソビエトの姿を範として進められたことはつい最近までのことである。今は名前の消えた政党などそのお先棒を担いでいたのだが、ソビエトの実体が分かると時を同じくして姿を消してしまった。

ソビエトの労働者の実体は恐ろしく悪平等の世界だった。労働者の国で労働のノルマは最低の働きを基準に決められた。労働者にとっても国営企業のマネージャーにとっても、低い生産目標をかかげておくのが楽に決まっている。その中で働き過ぎるものは嫌われた。時には労働英雄などと、国家が無理をして持ち上げたケースがないわけではないが、おおむねは横並びで楽をすると言うのが社会主義労働の実体だった。

社会主義の成果は数字である。鉄鋼を何トン生産した、靴を何足作ったと言うのが社会主義労働の成果であり、質ははかることが出来なかった。一週間履けばおしゃかになる靴でも一足は一足だったのである。

『ミニスカートはロシアが発明した。ロシア製スカートを洗濯した結果である』

『アパートで火事があった。焼跡から燃え残りの物が発見された。ロシア製、マッチだ』

読者の中にも火のつかないマッチに苦労された経験をお持ちの方もおられるだろう。ロシアではついこの間まで切実味のある笑い話だった。

総無責任主義の蔓延した社会だったが、この労働の問題は共産党政権には頭の痛いことだった。工場に行くと目につくスローガンがあった。

〝労働は君の良心だ！〟

働いたって働かなくたって給料が変わるわけでも首になるわけでもない〝労働者の国〟の悩みが悲しく伝わってきたものだ。

社会主義が崩れて自由主義経済になって街で目につくスローガンは消えた。代わって登場したのはご多分にもれず広告の洪水である。頭の良い市長がこれは美味しい話だと、広告に税金をかけることを思い付き、モスクワの街に溢れる広告は今、市の財政に欠かせないものになっている。

広告が溢れはじめたモスクワを離れて日本に帰った。そこでこの日本に社会主義時代のロシアの遺物があることを発見して嬉しくなった。どこに行ってもみられる立看板である。

立看板のスローガン好きのナンバーワンは警察だろう。恐らく警察官の間でコンクールをやった優秀作品だろうが、交通事故防止、犯罪防止のためと思われるものがどこに行っても目につく。意図はわかるのだがあのスローガンを見てスピードを落としたり、マナーを良くしたりする車があるものだろうか。街の美観、周囲の景観にはひどく目障りなところに建てられているのが警察のスローガンの特徴である。

次にスローガン好きは役所のようだ。ＪＲの中央線御茶ノ水駅付近は土手に緑が美しいところだ。ああ春がやってきたなどと見ていると、突然に緑の中にスローガンの看板が登場する。〝緑を大切に〟とある。区役所が努力をしていることはわかりますがね……。

山梨県甲府の駅前はケヤキの大木がトンネルを作り美しい。そこに巨大なスローガンの塔は、山の良さを知らしめようと言ったことがしるされている。

長野県松本は小澤征爾さんのサイトウ・キネンで世界に知られ、音楽教育鈴木メソドで天下に名を馳せている文化都市である。松本城とお堀の調和が美しい。そのお堀端の市役所には巨大なスローガン塔がある。スローガンの中身は文化の名とは程遠い恥ずかしいものである。

奉仕を信条にかかげるクラブも役所に負けず劣らずスローガン好きだ。大分県の由布院温泉は各地の温泉が俗悪化し、客を失いつつあるなかで景観を守り、旅館の質を上げ人気を集めている。この静かな街にもクラブのマークを麗々しく入れた立看板が立っていた。景観宣言か安全宣言か、どう温かく見ても景観に貢献するスローガンではない。クラブのマークは嫌でも目につく。

ロシア人が日本にやってくるとロシアが目指した社会主義が日本に実現していると言う。安全で豊かで清潔で……。これぞロシアが革命で血を流して実現しようとした国の姿だと言う。言葉はメッセージを伝える。だが言葉で押し付けるよりも実体で示した方が良いこともある。共産主義時代のロシアのスローガンはそのことをとてもよく教えてくれている。

（最近確認したら御茶ノ水駅の土手からくだんの看板が消えていた。嬉しい変化だ。）

くしゃみで褒められる大統領

ロシアの街で聞く言葉にはことの本質をずばり言い当てているものがある。ロシアが表現を大切にし、言葉で相手を説得する訓練に長けた国であることは前にお伝えしたが、多分核心をつく表現がごく普通の人から聞くことができるのは、そういう背景があるのかも知れない。

二〇〇一年六月、私は二度ロシアに出かけた。一回は西の都サンクトペテルブルク、二回目はモスクワである。ここで人々が今のロシアの情勢について語る時に使うのが『ロシアのテレビは大統領がくしゃみをしても褒め上げる』という言い方だ。簡潔で軽やかに響く表現だが、どんな名解説者よりも評論家の先生よりも、見事に今のロシアを語っている。

ロシアでプーチン大統領の人気は大したものだ。就任から長いのに、支持率は七〇パーセントを軽く超えている。前任のエリツィンなど数パーセント台を低迷していたことを考えると驚異的な支持を得ていると言ってさしつかえない。

この支持率を背景に六月一二日の独立記念日にはテレビがこぞってプーチン大統領を持ち上げる放送をした。中でも国営のロシアテレビが午後七時から一時間放送したドキュメンタリーには、プーチン大統領が水泳で身体を鍛え、クレムリンで夜遅くまで執務し、連日の過密なスケジュールの合間を見つけてかつてのドイツ語の恩師を訪ね談笑するという、大変人間味に溢れ、温かい人柄の大統領が描かれていた。

かつて言論が共産党によって統制されていた時代での私の仕事は表に出たことの裏を読むことだった。長年それをやったために、目つきまで素直でない疑い深い表情になってしまったのではないかと心配するのだが、人情味溢れる大統領の特別番組を見て、また昔の癖が出てしまった。どうも臭いなーという直感である。

プーチン大統領は広く知られているように秘密警察KGBの出身である。秘密警察の職員になるためには頭が良く、身体も丈夫で、なおかつ上からの命令に対して絶対忠実でなければならない。プーチンさんの頭の良さも柔道の強さも、彼が優秀な職員であったことを教えてくれるのだが、秘密警察にはどうしても暗い影が付きまとう。その感じは何百万の人たちが秘密警察の犠牲になったロシア人の方が敏感に感じるだろう。

やはり明るい人情味溢れる大統領を売り込まなければならないのだというのが、私の意地悪さが出た見方である。二〇〇〇年八月に原子力潜水艦クールスクが乗員一一八人を乗せたままバレンツ海の底に沈んだ時、プーチン大統領は夏休みをとっていた。大統領は軍の最高司令官である。部下一一八人が海の底にいるとき、彼は五日間も黙ったままだった。粗末なアパートに住む老齢のドイツ語の先生を、手みやげを持って訪れる大統領はまるで別の人物だ。

支持率の高い大統領を持ち上げるのは他のチャンネルも同じことである。正確に言えば、二〇〇一年の四月からは、というただし書きをつけなければならない。四月まではプーチン大統領のチェチェンでの戦争政策や潜水艦事故の対処の仕方を厳しく批判するテレビがあった。

その名も独立テレビといい、一九九四年に報道に対する権力の介入を嫌った志あるジャーナリスト達が設立したロシア最初の民間テレビである。設立直後に自由な放送とはいかなるものかを天下に知らしめることになった。同じ頃エリツィン大統領はチェチェンでの戦争を始めた。勝手な独立は許さないというのが開戦の理由だが、チェチェンはそれより三年も前に独立を宣言していた。

ロシア軍が侵攻を始めて一か月もたたずして政府とロシア軍はチェチェンの完全制圧を発表した。この時独立テレビは現地取材チームの映像付きのリポートで、激しい戦闘が続き、ロシア軍にもチェチェンの女性や子供にも多くの犠牲者が出ていると伝え続けた。

真実を知るために自由な報道がどれだけ重要か、ロシアの人たちは知ったのである。だが独立テレビは権力からは睨まれた。プーチン大統領の誕生で批判的な独立テレビは攻撃の標的にされた。財政的な弱味を突かれ、税金警察の手入れを受け、盗聴の疑いをかけられ、親会社の社長を逮捕された。

決定的になったのは二〇〇一年四月、政府系の資金豊かなガス会社が独立テレビの資本を握り、同時にプーチン大統領に批判的だったジャーナリスト達は職場を追われた。これに対する批判はアメリカやヨーロッパから起こったが、大統領は純粋に経済問題だとつっぱねている。

人々の言う〝ロシアのテレビは大統領がくしゃみをしても褒め上げる〟状況はこうして生まれた。

軽口に聞こえる表現だが、その裏には言論をめぐる重い重い事情が隠されている。

ペレストロイカと構造改革

二〇〇一年の二月森首相の命運がつきるのがはっきり見える時、私は駐日ロシア大使パノフさんと志賀高原のスキー場にいた。まったく利害のない私達を毎年スキーに誘ってくれる御近所の赤井士郎さんと一緒である。スキーで汗を流し、大使持参のウォッカとキャビアで談論風発し、話題は次の日本の指導者の予測になった。

大使は冷静な日本ウォッチャーである。自由民主党の体質と派閥力学から言えば橋本龍太郎さん以外にないという。ここで私がそうだと言っては面白くない。自分の期待もいくぶん込めて「今度は状況が以前と違う。小泉純一郎さんだろう」と予測した。

これまでもそうだが、意見の分かれる時には「賭けよう」ということになる。賭けは四月に私のいただきとなった。もっとも大使は「実は私もそう思っていた」と言いながら負けを認めた。負け惜しみなのか、実は表面は橋本と言いながら、本国には小泉勝利予測を流していたのかどうか、真相は知らない。

小泉さんの総裁選立候補の決意表明を、夕飯の席でテレビのニュースで見ながら、私は家族に「小泉総理が誕生すれば田中真紀子さんを外相にすえるだろう」と予測した。後日その通りになって家族はびっくりした。なにか小泉さんと連絡でもあるのかといぶかった。

私が田中外相誕生を予測したのは政治情報に精通しているためでも、小泉さんとつながりがあるためでもない。ソビエトにゴルバチョフ政権が誕生した時からの様子をつぶさに見ていた連想である。甚だしく根拠に乏しい。しかし小泉総理の誕生はまさにゴルバチョフが登場したときの再現に思われたのだ。そしてそれが田中外相に結びついたのは次のような事情である。

まず小泉さんの手法である。街頭に出て、選挙権があるとも思えない人たちに向かって熱心に政治信条を訴えた。それが熱気を巻き起こし、これまでなら派閥のしめつけと組織の力で別の候補に行くべき票が小泉さんに流れた。

ゴルバチョフのやり方はこれと良く似ていた。ゴルバチョフ以前にソビエトの指導者と大衆の接点は年に何回かのテレビを通じての演説に限られていた。それも共産党の官僚が美辞麗句を並べ立てて書いた作文の棒読みであった。

共産党大会といった何千人もの代表が集まっている席での演説には「ここで拍手」「ここでは長い嵐のような拍手」といったト書きまでついていた。ト書きがあることはテレビの中継を子細に見ていてわかったことである。

日本のテレビのスタジオ番組でも同じことだが、画面に出ないように配置されたフロアディレクター、通称ＦＤという人たちがいる。一番経験のない新人の役割なのだが、彼等の仕事は番組に拍手が欲しい時に客席に向かって合図を送り、拍手を促すことである。ソビエト集会にも必ずこの手合いがいて、大会を「民衆の熱意で盛り上げて」いたのである。

そんなやりかたに慣れっこになっていたソビエトの社会でゴルバチョフの登場は新鮮なショックだった。彼は街に出て行き、市民に話しかけたのである。

ソビエトの要人が通るクレムリンへの道路は飛行機の滑走路になるほど広いが、その中央に白線二本が引かれていた。中央分離帯の体なのだが全く別の役割があった。要人の車はこの中央分離帯の中を猛スピードで突っ走る。どだい指導者が道路わきに車を止めて人々と話を交わすことなど、道路の構造からして出来ない仕組みになっていた。

ゴルバチョフはその慣例を破り、広場に車を止め、市民の手を取り、目を見て改革への熱意を語ったのだ。背中にピリピリとくるような感激だった。新鮮な行動だった。おまけに目つきも顔つきも悪相ではない。親しみを感じさせ、新しい指導者の誕生を国民は興奮して歓迎した。

小泉候補が選挙運動を党本部から街頭に移した時、私はゴルバチョフの手法のコピーを見ていた。そして小泉候補が熱っぽく訴えたのが構造改革、片やゴルバチョフが掲げたのがペレストロイカである。ペレストロイカのペレは英語の re に当る。やり直し、方向転換、を意味する。ストロイカは建築、構造 construction である。ペレストロイカはまさに構造改革であった。

旧いやり方を変えよう、新しい活気のある社会を作ろうと、直接訴えかけるゴルバチョフに人々は狂喜し期待した。新しい時代がやってきたことを実感させてくれたのがゴルバチョフの手法であった。

テレビの活用がまた二人とも上手い。ゴルバチョフが登場して頻繁に記者会見が開かれるようになった。ゴルバチョフは外国人ジャーナリストの参加を認め、認めるだけではなくむしろ外国人を優遇するほどに外国人記者に質問を許した。

独裁政党の最高指導者、そしてアメリカと覇を競う一方の超大国のリーダーであるゴルバチョフの会見に参加できるソビエトのジャーナリストは、年齢も経歴も肩書きも、そして党歴も見事な人たちであった。文句なくエリートたちである。

共産党独裁の国でエリートジャーナリストとは共産主義をもっとも効果的に描ける人たちであった。事実からかけ離れていようとどうしようと、共産主義が人類の希望であり、将来世界を救う人類最高の智恵であることを説得できる記者こそ優秀であり、高い地位を得ていた。ゴルバチョフの会見に出て質問するジャーナリストはそういう選良たちだった。

これがゴルバチョフをいらつかせることになる。率直な問題の核心を突いた質問を受けてこそ、改革の必要を訴える返事ができるはずだった。しかし共産党の宣伝員としての発想が染み付いた選良のジャーナリストたちの質問は、批判的な装いをしながら、行き着くところは指導者と共産主義へのおべっかであった。

私がゴルバチョフが優れていると思うのは、外国人ジャーナリストに率直な質問を許したことである。共産主義に義理もない外国人記者は、率直でロシア人から見るとずいぶんと意地悪な質問をした。それに対してゴルバチョフが自信をもって堂々と答え、その様子は全国に繰り返し放送された。なんと頼もしい指導者ではないか、愛国感情の強いロシア人が感激したのも当たり前だ。外国人である私でもそう感じたのだから。

小泉さんが総理になり、メディアを避けて嫌った前任者とうって変わって毎日記者団の質問に答えるかたちで国民に呼び掛け、原稿棒読みではなく自分の言葉でしゃべり説得するテレビメディア活用はゴルバチョフも同じだった。


対話の手法やテレビメディアの使い方はゴルバチョフ・小泉両人の共通した優れたところだが、私が田中外相起用を予測したのは、人の使い方に見た手法である。

ゴルバチョフが登場するまでソビエトの外交は一人の人物が押さえていた。二七年にわたって外務大臣だったのがグロムイコという人物。雷を意味する名前の通り、強面の人だった。第二次大戦中にアメリカ大使になり、戦後は外務次官から外相に、そして国連総会に乗り込んではアメリカや西欧諸国の提案に拒否権を行使し続け、ミスターニェット（No!）と呼ばれていた。笑顔や明るい表情等一度も見せたことがない。

当然の事ながら人事は詰まるし、先例と慣行が横行し、新しい外交の発想等が生まれるはずもない。アメリカを出し抜くことがまず第一の課題であり、冷戦構造を変えることなど思いもよらないことだった。

ゴルバチョフが登場して三か月後、ゴルバチョフは最初の人事に手をつけた。それがグロムイコの更迭、そしてシェワルナゼの登用であった。二七年間変わらない人物を見ていれば、観察者の方だってそれに慣れてしまって変化を予想できない。苦い経験を言えばそれが私だった。

グロムイコ外相の留任を予想して、というより変化等考えもしなかった私の目の前で「外相シェワルナゼ君！」という声が響いた時の私の気持ちを想像して頂きたい。シェワルナゼ!? Who?!

放送の時間は迫ってくる。頭の中は真っ白。そしてテレビの画面は私のうろたえ振りを日本の皆さんに確実に伝えてくれた。

エドワルド・アンブロシエヴィッチ・シェワルナゼ、カフカースの麓の小国グルジア出身、外国に行ったこともなく、まして外国語もしゃべらず、ロシア語ですらひどいグルジア訛りで、外交に関係したこと等まったくなし。つまり外交についてはずぶの素人である。前任者は四半世紀以上大臣をやってきた男なのに。

ゴルバチョフが彼を起用したのはまさに素人であることが目のつけ所であった。先例と慣例に凝り固まったところに、その息のかかった人物を送り込んだところで大した変化は期待できないだろう。なまじ事を知っているために改革には尻込みしてしまう。ゴルバチョフはそこを見越していた。そしてその起用は目論見通りになったのは歴史の示すところである。

苦虫を百匹も噛み潰したような顔つきのグロムイコに代わって、笑顔を絶やさず人当たりのいい冗談好きのシェワルナゼはその表情通りの変化をゴルバチョフとともにもたらした。

だが二七年間の支配者が交代したソビエト外務省はパニックに陥った。素人の外相が乗り込んで来て、人事と金に手をつけたからである。シェワルナゼが外務省に乗り込んで上げた第一声が「外務省は金ばかり使って仕事をしていない」だったという。当時の外務省幹部がその時の外務省官僚のあわてふためきぶりを語ってくれた時使ったのが〝パニック〟という表現だった。

一〇年以上も同じ任地に居座ったままだった大使を更迭し、予算の使い道を明確にするよう命じ、まず役所の中の体制を固めた。御想像の通り抵抗は激しかったという。日本の例を見れば分かるように官僚は保身と組織防衛のために、改革をしようとする者の失脚を狙う。マスコミや政治家を使い、欠点をリークして窮地に追い込むことなど、頭の働く官僚だったらすぐに考え付くことだ。

シェワルナゼが乗り込んで来た時ソビエトの外務官僚も同じようなことを考えたかも知れない。しかし現実にはそれは起こらなかった。その理由は三つあったと、くだんの元幹部が説明してくれた。

第一はゴルバチョフの後ろ楯があり、そのゴルバチョフの人気が強烈に高かったこと。

第二はシェワルナゼ自身の政治的地位が共産党のトップ一二人の中にあって強力だったこと。

そして第三のきわめつけの理由は、シェワルナゼがモスクワに上ってくる前、故郷グルジアで秘密警察ＫＧＢの長官として辣腕を振るった経歴があったことだという。うっかり失脚を狙ったリークなどやろうものなら、その手の手口は知り尽くしている彼に、自分の方がやられてしまうという恐怖があったのではないかという。

「その代わりしばらく外務官僚が寝たふりをしました」と言う。指示の実行を遅らせる陰湿なサボである。我が国でもソビエトでも、寝たふりの抵抗は同じであった。入院でごまかした人がいたかどうかは知らないけれど。

シェワルナゼ自身もその空気は感じてはいたろう。そこでわめかず笑顔を絶やさず、何事もなかったような態度を通した（と見えた）のは、政治家としての力量か、人物の大きさか、あるいは自信だったろうか。

結局は外務省を動かし、アメリカとの対決と主導権争いに凝り固まっていたソビエトの外交を、アメリカとの対話と融和の方向に変え、結局東西関係に根本的な変化をもたらし、ベルリンの壁を崩壊させ、軍拡競争に明け暮れた冷戦構造に終止符を打ったのは御存じの通りである。素人の人間の素直な感情による目の外交でソビエトと世界を変えたのだ。

小泉候補が構造改革を訴えていたのを見て、私が家族に田中外相を予想したのは、まさに改革のために素人起用という発想であった。改革には危険が伴う。保身を考え、「大過なく」過ごすことを望む者には手をつけられないことである。前の外務大臣を外務省の人達は〝とても良い人〟と評し受け入れていた。それが何を意味したかは明らかだ。

問題はシェワルナゼが盟友ゴルバチョフと組み世界を変えた後である。アメリカとの融和政策は抵抗勢力には我慢のならないものだった。抵抗勢力は当時保守勢力とか守旧派と呼ばれていた。中心になったのは共産党の幹部、秘密警察や軍である。

彼等のシェワルナゼ批判が頂点に達したのはソビエトがベルリンの壁の撤去を認めた時である。ソビエトは東ドイツと東ヨーロッパ同盟諸国を西に引き渡した、ソビエトは何を見返りに得たのか、シェワルナゼ外交は国益に反する、と声を上げ始めた。命を狙う企みさえあったという。

元はと言えばゴルバチョフとシェワルナゼが組んでやってきた事である。抵抗勢力の巧妙なところは非難をシェワルナゼに絞ったことだ。もちろん最終的な標的はゴルバチョフで、盟友をまず潰すという作戦である。

集中的な攻撃を受けシェワルナゼは九〇年暮に辞任を宣言した。「独裁がやってくる」と奥歯にものの挟まったような言い方をして。

盟友を守るべきはゴルバチョフであった。しかし見捨てたのである。その心は抵抗勢力と妥協をして己が身を守ることだったと思う。権力の持つ魅力の恐さである。シェワルナゼが辞任してゴルバチョフが副大統領に起用したのは青年共産同盟上がりでアルコールの影響でどうしようもない人物であった。

ゴルバチョフは勢力バランスを見て自分の身を守った気になったかも知れない。しかし五年間手を組み、世界を変えた盟友を見捨てた男が信頼や支持を得られるはずもない。それは彼の政策に対する好き嫌いの感情などとは別問題で、それ以前の人間性の問題である。

そしてその通り、盟友を見捨てたゴルバチョフへの国民の支持は、ペレストロイカ政策の具体的成果への不満とあいまって急速に下がっていった。

それを待っていたのはゴルバチョフが手を組んだはずの抵抗勢力だった。ゴルバチョフを力でなき者にしても国民は惜しまないだろうとクーデターを計画し、ゴルバチョフが夏の別荘で家族と休暇をとっている時実行した。盟友シェワルナゼを見放してからわずか八か月後の事である。

私のソビエト・ロシア観察のなかでゴルバチョフとシェワルナゼの人間臭いこのテーマに一番興味をそそられ、二人には何回も会って問いただしてきた。

ゴルバチョフは国を混乱に陥れないためにやったことだと言い訳をし、傍らのライサ夫人は、何か危険なものを感じていたと口を添えた。

故郷グルジアの大統領になり、国内の民族問題やロシアとの関係の悪化、それに国民の批判の高まりの中で苦労をしているシェワルナゼは、「ゴルバチョフの抵抗勢力との妥協に対する必死の警告だった」と言う。

二人の話を聞けば、私をうろたえさせた突然の外相就任はゴルバチョフとの間では突然でも何でもなかった。

ゴルバチョフが最高指導者になる一〇年も前から二人はソビエトの改革を話し合っていたという。その時に二人が使った言葉は「ソビエトは腐り切っている」という過激なものだったという。「あなたを見放したゴルバチョフをどう思うか」と問うと、「私だったら違った行動をしたろう」という答え。かつての盟友の冷たさに悲しみを込めた表現だった。

日本とロシアは人のメンタリティーから暮しのスタイル、ものの価値の判断で対極にある国ではないかと思う。その違った両国にあって、人の考えることや行動のパターンはとんでもなく似ていて、洋の東西を問わず政治体制を問わず、所詮人間の考えることは同じようなものだと思わせたのが、ゴルバチョフさんと小泉さん、ペレストロイカと構造改革、変革に素人である。

ゴルバチョフが盟友を見捨てて国民の支持を急激に失っていったとき、それまで大人しくしていた共産党の幹部が急にいきいきとし始め、ゴルバチョフにべったりだったと見られていた共産党国際局長までもが、外国人ジャーナリストにゴルバチョフを軽く見る発言を始めたのを私は忘れることが出来ない。

ペレストロイカと構造改革は、私に人の心のはかなさと政治の非情さを教えてくれる言葉である。

反対できない言葉

私は誰もが反対できない正しいこと、というのがどうも苦手である。私自身性質があまり良くないせいなのかとも思うが、苦手になった理由の大きな部分はソビエトという国と付き合ってきたことによるのではないかと考えている。

東西対決の冷戦時代のソビエトで、どうしても反対できない御託宣のような言葉があった。平和と友好がそれである。平和と友好が貴重なものであることを認めるのに人後に落ちるものではないが、この言葉が御都合主義で使われているのにはどうにも我慢がならなかった。

誰もが反対できないこの言葉を持ち出し、それを看板にして公費で酒をくらう機会をうかがうといった程度の話などはむしろ可愛げがあったが、友好を盾にして自由な意見の表明や批判を封じ込め、友好を看板にして利権を獲得し、商売にしているものも数多いのである。平和や友好を口にしながら、卑屈にソビエトに揉み手をしていた我が国の政党があり、学者、ジャーナリストがいた。

平和なときに平和を口にするのは易しいし、喧嘩をしていないときに友好を説くのも簡単だ。

いま同じように皆が抵抗できないで許されている言葉が人道援助だろう。困っている人たちを助けるということであれば、それは崇高な人の道で結構なことだ。けしからんと言える人はいないだろう。

問題は本当に人の道に適った援助かどうかということである。北方領土の住民に対する人道援助なるものを具体的に考えてみよう。

北方領土に移住して来たロシア人たちが、私たちのような豊かな暮しが出来ないでいることは事実である。まともなインフラもなく、貧しい生活環境の中に置かれ、私達の目から見るとなんと気の毒にと思われる状況のなかで生活している。

そこに人道援助なるものが登場する。困っている人たちに援助の手を差し伸べよう、という一見温かい心の表れである。そこに例によって政治家のうさん臭い話が絡むのは先刻御承知のことだが、ここでのテーマではない。指摘したいのはその人道援助の裏側に友好なるものがちらちらしていることだ。

援助にこんな論理がまかり通っている。困っている人たちに援助をすると友好が生まれ、相互の理解が深まる、日本への理解が深まれば、日本の正当な要求である北方領土の返還にも助けになる、というのである。北方領土返還に政治生命を賭けていると公言する政治家が、人道援助なるものにことのほか熱心だったのは、表向きそういう論理からだった。本当にそうだろうか?

北方領土を中心とした人道援助なるものの金額は年々増えて来た。日本で不況が深刻になり、自殺者が急増しているこの時期に、我が国が主権を主張するこの地域に、ロシア政府に成り代わって日本国民の税金を惜しみなく使って援助してあげたのである。その額は年間二七〜二八億円にもなっている。

されば助けて欲しいという声がどこから来たのか。ロシアが公式に援助を要請したのは九四年の北方領土周辺での地震の時だけだとロシアはいう。他には援助を要請したことはないと、ロシアの大使が断言している。

でも援助要請があって援助が行われたのではないかと私が尋ねたのに対して、パノフ大使は「ただ欲しいと言えば物や金が入ってくるとすれば、あれも欲しい、これも欲しいと言う人が出てくるのは当たり前のことでしょう」と言う。援助の要請とはその程度の個人的な、あるいは限られた地域の、限られた政治家からのものだったということである。その証拠にロシアは支援の公式窓口である「支援委員会」に代表を送り込んでいなかった。

タダで物を持って来てくれる人は歓迎されるだろう。尊敬されるかどうかは別にして名前は知られるだろう。だがこれが理解を増進し、友好を深め、領土の返還に都合の良い環境を生むだろうか。答えはまったく逆である。

領土がいまの状態である限り、タダで物が入ってくる。船着き場も発電所も診療所も、本国政府がやらないことをよその国の人が持って来てくれる。

もう一つ、日本は主権を主張する領土の周辺で漁業をし、漁船の安全を守るために、領土を不法に占拠している国に対し金を払っている。入漁料、漁業協力金、といったさまざまな名目がついてくる。くどく言うが、日本が自分の領土だと主張している海域とその付近で日本の漁船が操業するために、不法占拠をしている国に金を払っているのである。しかも頭を下げて持って行っている金だ。

その金額は年によって多少の変動はあるが年間ざっと一三億円ほどになる。この金は漁業団体等が負担している。出所は税金ではないかも知れないが、ロシアにしてみるとそんなことはどうでもいいことだ。要は毎年確実に入ってくる金だということだ。そしてその金が入ってくるのは、領土問題が解決していないということが大前提になる。

大した金ではないではないかというかも知れない。ではこの金がロシアにとってどれだけの重みを持つものか考えてみよう。北方領土を含む地域を管轄するのがサハリン州である。ロシア連邦共和国を構成する八九の行政区の一つである。

州の二〇〇二年の予算は日本円にしてざっと一九七億である。人道援助と漁業に関わる支払いは合わせて四〇億。一つの州の年間予算の五分の一に相当する金や物が黙っていても毎年ロシアに入ってくる。北方領土は金の卵を生む鶏ではないか。

我が国では行政改革で各種の補助金や助成金が削られ、それを頼りにしていた地方や機関は大いに困っている。困っていなくたって毎年黙っていても県の予算の五分の一もの金を持ってくる筋があるとすれば、その筋を何としても手放さないのは当たり前のことだろう。誰でも分かる話である。

こんな分かり易い話がどうしてロシアとの関係になると分からなくなるのだろう。私がロシアの立場にあれば、不法占拠と言われようと、嫌なやつだと言われようと、こんなに旨い金づるを手放すことはしない。手放したとしたらそれこそ国益に反することになる。

安全に漁をしたい、美味しい魚を安く食べたい、その気持ちが分からないわけではない。しかし日本は領土返還を要求し、この問題が解決しない限り平和条約を結ばないと決めている国である。この決意を通すには国と国民の毅然たる姿勢と、それにそったまともな外交政策が必要だ。

相手が絶対に手放さない美味しい餌をばらまきながら、領土を返せと主張するのは、「面白い冗談だ！」とロシアの人たちが思ったとしてもしかたがないことだ。

今誰もが反対できない言葉が「テロとの戦い」だ。テロとは戦わなければならない。だが戦いが表に出過ぎて、同じようなテロを繰り返させないためにはどうしたらいいのか、という肝心な発想がどこかに霞んでしまっている。

テロとの戦いを早くから掲げ、その戦いをきっかけに人気を高めたのがロシアの若き大統領プーチンである。正確には大統領になる直前、突然エリツィン大統領によって、次期大統領含みで首相に任命された無名のプーチンを有名にしたのがテロである。

首相になった直後にロシア各地でアパートの爆破事件が続発し三〇〇人以上が死亡した。新首相は文字通り間髪を入れず「これはチェチェンの仕業だ」と断定した。

チェチェンはロシア南部カフカース山脈の北側の、羊ととうもろこしの、ひどく貧しい山岳の地域だ。一九九一年ソビエト連邦のたがが外れかけようとしていた九月、この地域は突如独立を宣言した。ソビエトを離れてイスラムの国を作ると言うのである。

エリツィンは許さなかった。勝手な独立など許せるわけはないと、戦車と戦闘機を送り込み押えにかかったが、チェチェン人の抵抗は激しく、その上にロシア軍の戦闘意欲と士気は低く、ロシア軍は手酷い犠牲者を出して二年足らずで撤退した。

勝手な独立を許さないという大義名分で戦ったエリツィンに対して、プーチンはチェチェンとの戦いをテロとの戦いだと宣言した。強いリーダーを望んでいたロシアの国民にテロとの戦いはぴったりときて、プーチン待望論がにわかに沸き起こった。

アパートの爆破からチェチェンの仕業という断定、軍隊の派遣とあまりの素早さに、疑いを持つものもいた。今になって、あの爆破事件はプーチンの出身母体である秘密警察ＫＧＢの流れを引き継ぐ治安機関が仕組んだものだったと、プーチンに追われた政商が、証拠のビデオテープなるものをロンドンなどで公開して主張している。

このからくりはプーチンを忠実な仲間とみて後継者に選んだエリツィン大統領と、その期待を裏切って一人立ちを始め、エリツィン政権の残り滓を一掃しようとするプーチン現大統領の、なんとも人間臭く、スリラー小説顔負けのスキャンダラスな話があるのだが、そんなところで道草を食っていては話が前に進まない。

プーチンの先見性は独立運動をテロに摩り替えたことである。そしてそのチェチェンのテロ組織の背後には、時の人オサマ・ビン・ラーディンがいると主張したことである。

二〇〇一年の九月始め、こうした強い態度をとっていたプーチン大統領にややかげりが見え始めていた。この時はチェチェンが独立を宣言して一〇周年、そしてプーチンが戦いを宣言して二年になっていたが、強いはずのロシア軍と治安機関は抵抗するチェチェンを完全に押さえることはできず、チェチェンにもロシアにも犠牲者が続出していた。

ロシア軍の犠牲者は、一〇年にわたったソビエトのアフガニスタン介入による戦死者の数をはるかに越え、力による解決に疑問が生まれていた。ロシア議会でリベラルで知られるネムツォフ議員が、大統領はもうチェチェンと話し合いをしたらどうか、と提案したのはその表れの一例である。

この発言にプーチン大統領は珍しく感情をあらわに激怒した。テレビの画面でお分かりのように、秘密警察出身のプーチン大統領は感情を表に出さない人である。気味の悪いくらいに冷静だ。その人物が感情をむき出しにして話し合いの提案に反論したのは、痛いところを突かれたと思ったからだろう。

そんな時に起こったのが九月一一日の対米テロである。アメリカが犯人をオサマ・ビン・ラーディンの一派と決めつけたのは素早かった。プーチン大統領もいち早くアメリカの報復行動に支援を約束した。彼にすれば、「ほら見たことか！　ビン・ラーディンだと前から言っていたではないか」という気持ちだったろうし、心の底では〝助かった〟と思っていたかも知れない。テロとの戦いの宣言が正しかったことが証明され、チェチェン政策の批判派を封じ込めることができるからだ。テロと戦うという、誰も反対出来ない言葉でプーチン大統領は救われたと言うこともできるだろう。

一九八〇年夏私はイスラム革命後のイラン情勢を取材するためテヘランに駐在していた。その時起こったのがイラン・イラク戦争である。九月二二日安息日の金曜日午後イラク機が飛来して爆弾を投下し戦争が始まった。

戦争は悲劇だが、ジャーナリストにとって自分がいる場所で戦争が始まる等と言うのは、活躍の絶好のチャンスである。私は仲間のクルーに「生きて帰ろう、だがイランからのリポートの衛星中継は成功させよう」と呼び掛け、途絶していた国際通信回線が回復した二日後、イラン発の最初の映像を日本と世界に送りだすことに成功した。

私の強烈なイスラム体験と言うのはこの自慢話ではない。このときテヘランには私達の取材チームの他にもう一つ民間放送局のチームがいた。リーダーは若くて優秀で、お主できるな、という雰囲気をただよわせていて、事実私は彼の仕事ぶりに一目置いていた。

ところがである。彼が私達と同じように衛星中継で映像を日本に送り込もうとすると決まってトラブルが起こるのだ。映像が乱れたり、音声が出なかったり。理由は後から私には知らされた。

当時の衛星中継のしくみを簡単に説明しておこう。当時のカセットはテープの幅が四分の三インチもある大きなもので、昔使ったアルミの弁当箱のサイズに似ているところから、業界用語では弁当箱と呼ばれていた。収録機とカメラは一体になっておらず、カメラと大きな収録機をケーブルで結んで収録していた。収録した弁当箱を放送局に運び、再生機にかけて、その信号を地球上三万七千キロのところを廻っている通信衛星に打ち上げ、山口の地上局の巨大なアンテナでその信号を受信し、さらにランドラインで東京に運んで収録をするという仕組みになっていた。

仕組みは簡単だが、事は戦時下である。灯火管制で地上から全ての光が消えた。車のヘッドライトもつけられない。真っ暗な道を星の明かりを頼りに放送局へ運ぶ。地上から光が消えた砂漠の空は見事である。降る星と言う表現が大袈裟ではない。しかしその情緒を楽しみ、童謡を口ずさんでいる余裕などなかった。

放送局に着くとそこでうなりをあげるのは対空砲火である。戦略的に重要な放送局を守るために時々火を吹く対空砲の音は、音と言うよりお腹にずっしり響く恐怖の振動である。恐ろしさに脂汗を流し、普段はたいして敬意を払ったこともない神様に祈りながら、必死の思いでやったのがテヘランからの衛星中継だった。

そんな時助けになったのがイラン人の助手たちだ。助手と言うが実に優秀な人たちである。例えば私のところで働いていた一人はマサチューセッツ工科大学出の修士であった。ホメイニ革命で価値観がひっくり返り、ホメイニ政権で重用されるのは、技術も教育も知識も関係なく、ひとえにイスラムに忠実な人たちであった。世が世なら大臣か局長か企業の幹部になっていて不思議ではない人たちだったろう。恐らく日本からやって来た若い記者の下でアシスタントとして働く気持ちは相当屈折したものがあったろう。

戦争が始まって一か月余り後、私がイランを脱出する直前に助手がぽつりと言った。

「コバヤシさん、あの時、民間放送局の記者が衛星中継に失敗した理由を知っていますか？」

知らないと言う私に助手が説明したのはこうである。

くだんのいけいけどんどんの記者は仕事熱心でイラン人の助手たちにも厳しい要求をした。勢い余ってあるとき一人のイラン人助手を皆の前で面罵し、ひどく恥をかかせたというのだ。恥をかかされた助手は復讐の機会を狙っていた。そしてそのチャンスが、記者にとっては死活的に重要な戦争報道の時にやってきた。助手は雇い主の若い記者が衛星中継を始める時、再生機の裏にまわり、薄暗い中でジャックを引き抜いていたというのである。

その記者が事実を知っているのかどうかは分からない。だがこの時の体験はイスラムの人たちと付き合う時、恥や顔潰しがいかなる意味を持つか、強烈な教訓になった。

この時の教訓を生かして私が作った番組がある。九七年一月一〇日に放送されたＮＨＫスペシャル二一世紀への奔流の第九集「イスラムの挑戦」がそれである。

この番組は私にとっていわくのあるものだった。九五年、私は最後のロシア勤務を終え帰国する時固く決意していたことがあった。仕事中心だった生活を変えようという決意である。ゴルバチョフの登場から改革の始まりと頓挫、東西対決の冷戦構造から米ソの対話と冷戦の終わり、ベルリンの壁の崩壊から反ゴルバチョフのクーデター、そして超大国ソビエトの崩壊と、私がモスクワに勤務していた間に起こったことは、息つく暇も私に与えてくれなかった。日本に帰ったら遊んでやろうと私は楽しみに日本に戻った。

世の中そんなに甘くないことは冷静に考えれば当たり前だが、帰国した私を待っていたのは前より忙しい任務だった。二一世紀を迎えるに先立って、日本人がそして世界の人々がいかなる心構えをしなければならないのか、大胆に提言する番組を作るというのである。そしてその仕事が私に廻って来た。

言葉でいうのは易しいが、だいそれた企画である。数年先の予測さえ困難な変化の激しい時代に、一〇〇年単位の話をしようというのである。ジャーナリストになって初めて私は業務の命令に逆らった。「私には手に余る」と正直に伝えたのだが、結局は若い優秀なディレクターたちにおだてられ、引き受けてしまった。

間違っても構わない、大胆にやれと上からは指示が来ていた。ブレーンストーミングを重ね、次の世紀に問題になりそうな事柄を整理して行った。コンピューターからマネー、ビールスから宗教、民族問題や南北問題などなど。

タイトルの背景にはボストン美術館所蔵でゴーギャンがちょうど一世紀前に描いた大作「われわれはどこに行くのか」を使い、タイトル音楽はリルケの詩に牟岐礼さんが曲をつけ、佐藤しのぶさんが歌うという装いで、九六年四月から翌年の三月まで一一本が放送された。

その九番目が「イスラムの挑戦」だったのだが、そこに私の若い特派員時代のイスラムの体験が生きた。番組を作るに当っては随分沢山のイスラム学者やイスラム圏の人々に会い、そして世界の各地でイスラムの動きを取材したが、そこで知り得たことは、私の若い時代の体験をさらに確信させるものばかりだった。

その確信とは〝アメリカは危ないのではないか〟ということである。旅客機が乗っ取られ建物に突っ込むというテロが起こると予想した訳ではないが、取材すればする程アメリカは狙われるという確信が強まった。残念なことだがその予感は九・一一同時多発テロで適中してしまった。何故そういう判断に至ったのか、そして現実に悲惨な形でアメリカが攻撃されてしまったのか？　今テロ対策は誰も抵抗の出来ない言葉である。しかしそのテロ対策の名の下に行われていることが、本当に将来テロを防ぐことになるのか、若い時のイスラム体験がまた警鐘を鳴らしている。その根拠をもう少し考えようというのが次にお伝えすることだ。

冷戦のつけ

テロについて言葉が溢れている。テロの温床だったというアフガニスタンではＢ52とミサイルの攻撃で悪いやつらをやっつけ、捕まえたものはキューバに隔離して尋問が続けられていると言う。

アフガニスタンには先進国の肝煎りの政権ができ、ニューヨークではテロの残骸の後片付けも終わって、その跡地をどうするかという話に焦点が移っている。

対米テロにどれだけ関わったのか不明のまま、イラクの独裁者もみじめな姿でアメリカ軍に捉えられた。

そんなふうにテロに関するメディアの報道は溢れているのだが、その中から、テロを再び繰り返させないためにどうしたら良いのか、という答えが読み取れるだろうか。私には肝心のその一点が欠けた報道や分析ばかりだと思える。

前に書いた〝アメリカは危ないのではないか〟と考えた私のテレビ番組は、まさにテロを繰り返させないためにはどうしたら良いのかを考えさせる材料を提供している。私が〝危ない〟と考えた理由は、若い時のイスラムの体験と世界情勢の結びつきである。

簡単に言ってしまえば、アメリカはまだ冷戦のつけを清算していないのではないかということだ。随分抽象的な言い方だが、これを私の体験に基づいて具体的にお話ししようというのがこの稿の狙いだ。

冷戦時代の熱い戦争はベトナム戦争だったが、これもアメリカ軍の敗退で終わりを告げ、冷戦が文字通り冷戦に戻って熱さを忘れていた時、再び熱く燃えだしたのが、一九七九年一二月のアフガニスタンに対するソビエト軍の侵攻だった。

時のアメリカ大統領は二年前に就任したジミー・カーターさんだった。平和主義者、穏健派、理想主義者などといろいろな呼び方をされていたが、何よりも敬虔なバプティスト派のクリスチャンであり、嘘を言わない人として評価されていた。

嘘を言わないという点については私も仰天したことがある。ジャーナリストに必ずしも人格高潔、品性の高い人物ばかりでないことは御存じのとおりだが、私が仰天したことというのは、ジャーナリストの品格の低さを示す話である。敬虔なクリスチャンで嘘を言わないことを看板に大統領に当選した直後に、あるジャーナリストが質問をした。

「カーター大統領、あなたは奥さん以外の女性を愛したことがありますか？」

この手の質問を受けた時、男は何と答えれば良いのだろう。カーターさんの答に私は驚いた。

「想像の中ではあります」と言ったのである。正直という文字の上に二文字ほどカタカナでつけなければならないだろう。アメリカはそこまで嘘をつかない人物が政治家になり、その上に大統領にまでなれる社会なのかと、私は二重に仰天した。

嘘をつかない人が、自らが見事に騙されていた事を知った時、いったいどんな反応をするだろうか。私はアフガニスタンにソビエト軍が攻め入った時のカーター大統領の反応にそれを見た。

カーターさんはその半年前の六月一八日ソビエトのブレジネフ共産党書記長と首脳会談をやり、すっかりブレジネフに取り込まれてしまっていた。舞台はウィーンである。時は冷戦のさなかではあったが、つかの間の緊張緩和の空気があり、首脳会談の結果核弾頭を両国が制限する条約が結ばれた。カーターさんは平和が訪れるきっかけをつかんだことで心から嬉しかったのだろう。自らブレジネフ書記長に歩み寄って抱擁し男同士のキスをした。

地上軍を外国に派遣するには準備がいる。今日決めて明日動かすというわけにはいかない。ことの経過を見れば、カーターさんが感激のキスをしていた頃には、ブレジネフ書記長はにんまりとして派兵の準備をしていたということになる。こともあろうにクリスマスで世界中が平和を楽しんでいる時、ブレジネフがアフガニスタンに兵を送り込んだのだ。カーターさんが騙されていたと感じたとしても不思議ではないだろう。

ソビエト軍のアフガニスタン侵攻を知ってカーター大統領がとった措置はいろいろある。身近なことを言えば、翌年八〇年の共産圏で初のモスクワオリンピックボイコットを呼び掛け、日本もそれに従わざるをえず、柔道の優勝を逃してしまった選手もいたことは知られた話だ。

私が冷戦のつけとして今に尾を引いていると思うのは、カーター大統領がイスラム世界に対して行った呼び掛けである。

ソビエト軍のアフガニスタン侵攻はイスラムに対する共産主義者の挑戦である、イスラムの若者はすべからく義勇兵としてアフガニスタンに入り戦えと呼び掛けたのである。この呼び掛けはイスラムの聖職者たちもやった。これは聖戦・ジハードだと。

聖職者とアメリカの呼び掛けに応え、イスラム諸国の若者が義勇兵に志願した。エジプトから八千、シリア、アルジェリア、スーダン、サウジアラビアなどから合わせて三万の義勇兵達がアフガニスタンに入ったと推計されている。

そしてその中にサウジアラビアのオサマ・ビン・ラーディンがいたのである。またエジプトからは後に息子と娘の結婚を通じて、オサマ・ビン・ラーディンと親戚にもなった警察官僚ムハメド・アテフがいた。彼等はアメリカの呼び掛けに応えた形でアフガニスタンに入り、アメリカの武器と資金を得てソビエト軍と戦った。

アメリカがアフガニスタンで戦うイスラムの義勇兵に渡した兵器の中に、ゲリラに絶対渡してはならないものも含まれていた。兵士が肩に担いで発射することができる対空ミサイルである。ハチの一刺しとでも訳したら良いだろうか。〝スティンガー〟と名付けられたこのミサイルは小型ながら、赤外線でヘリコプターや飛行機を追尾し、撃墜するという兵器業界の優れもので、ソビエト軍のヘリコプターがさんざん手こずった兵器である。

八七年の三月に私は少数の他のジャーナリストたちとソビエトの軍用機でタシケントからカブールに入った事がある。軍用機は小型で、むき出しの床にメザシのように横になって乗っていたのだが、カブールの盆地に近づくとこの軍用機が旋回しながらキラキラと光る球を吐き出し始めた。これが青空に光って実にきれいな眺めだった。

これが恐ろしいものであることを知ったのはアメリカのスティンガーミサイルとのかかわりである。地上から発射されたスティンガーミサイルは飛行機の出す熱をめがけて追いかけてくる。そのミサイルを飛行機から逸らせるため別の高熱の塊をはき出しながら降下したというわけだ。

知らぬが仏とはこのことを言う。きれいなものだ、何だろう、と思っただけで、恐怖感などまったく抱かなかったのだから。今私たちはイラクに派兵される自衛隊の安全論議のおかげで、この「キラキラ光るきれいなもの」がフレアーと呼ばれるミサイル対策のものであることを知っている。不幸にして知らぬが仏ではなくなってしまった。

あの時は後から幸いミサイルは一発も発射されなかったと聞いて、初めて私は冷や汗をかいたのだ。

少し脱線してしまったが、ついでに言えばこのアメリカ製の小型ミサイルが今イラクでアメリカを恐怖に陥れている。カーター政権に続くレーガン政権が、タリバンを含む勢力に渡したスティンガーミサイルは数百基にのぼるという。ソビエトがアフガニスタンから敗退した後、アメリカは多額の金を出して回収を図ったが、結局アメリカの手に戻ったのはほんのわずかだった。

イラクで今アメリカ軍のヘリコプターが撃ち落とされ、民間旅客機も被害にあっている。使われた兵器が何だったのか誰も言わないが、事の経緯からしてアメリカがかつてソビエト憎しの余りゲリラ組織に渡した兵器が自分に跳ね返ってきている可能性は少なくないだろう。実際に一九九九年にはタリバンがこのアメリカ製ミサイルを使って航空機をハイジャックしたことがあり、その時にはこのミサイルを構えるタリバン兵の写真が各国の新聞に大きく掲載されている。

話を元に戻そう。

ソビエト軍のアフガニスタン侵攻は、一〇年後の八九年一二月にゴルバチョフ政権のもとで全軍が撤退して終わった。撤退とは聞こえが良いが、実態は敗退である。アメリカの呼び掛けに応えて命をかけて戦った義勇兵達が勝ったのだ。勝利者は賞賛されるべきである。では彼等が生き延びて故国に帰ったとき、然るべき敬意と賞賛を受けたのだろうか。事実は逆である。

アフガニスタンでの戦いは冷戦時代の代理戦争だ。アメリカに代わってイスラムの若者が命を賭けたという側面を持つ。アメリカは自らの兵を送り込みもせず、金と武器をだして煽った。アメリカは代理をさせたイスラムの若者に然るべき感謝をしたのだろうか。これも逆である。

アフガニスタンでゲリラ戦が続いた一〇年の間に世界の力関係はすっかり変わった。ベルリンの壁は崩れ、ソビエトの力が弱まり、一人勝ちになったアメリカの影響力は政治経済から軍事に至るまで至る所に及ぶことになった。

イスラムの原理を守れと言われてアフガニスタンで戦い、生き延びて本国に帰ったものが見たのは、アメリカのファーストフードの店が溢れ、外国からの女性観光客が、肌もあらわな姿で神聖なはずのモスクに入っている姿だった。生還者がイスラムの教えを守ろうではないかと呼び掛ければ、当局から過激派の烙印を押され、例えばエジプトでは、賞賛されるどころか政治活動すら禁止される有り様だ。

オサマ・ビン・ラーディンは故国サウジアラビアに帰り、ほんの一時期は演説テープなども売られて、英雄に相応しい待遇を受けたこともある。しかし何故聖地サウジアラビアにアメリカの軍隊がいるのだと疑問を出した時、彼もまた過激派として邪魔者扱いを受けることになった。故国を追われ、スーダンに逃げ、さらにそこも追われてアフガニスタンに入ったという経緯がある。

そこで前にお伝えした私のイスラム体験を思い出して頂きたい。イスラムの世界で顔を潰されたり恥をかかされたりしたことが、どれだけ強くそして長く恨みとして残るものか。

彼等はアメリカに都合良く使われ、使い捨てにされたという感情を持っている。私がイスラムの挑戦というテーマでイスラムの世界を取材した時、話を聞いた多くの人たちが、冷戦をアメリカの勝利に導いたのはアフガニスタンで戦ったイスラムの若者だ、と誇っていた。その主張が的外れだとは言い切れない。なのにアメリカとアメリカの影響下の故国は彼等を〝過激派〟として邪魔者扱いする。顔を潰された、自尊心を傷付けられたと感じて当たり前だろう。

オサマ・ビン・ラーディンがアメリカのアフガニスタン攻撃開始直後の一〇月七日ビデオで

登場した時、彼はこの恥と辱めについて触れている。「われわれは辱めを受け（humiliation）、顔を潰されてきた（disgrace）、そのうえ聖なる場所がけがされている」と言うのだ。

何故彼等がアメリカを狙うのかと考えた時、この怨念は考慮する必要がある。私はアメリカは大変魅力的な国だと思うし、その自信とパイオニア精神は好きである。よその国から文句をつけられるとへらへらぺこぺこと謝りまわる日本の政治とは対照的である。

しかし闘う相手はアメリカと全く違う尺度を持っている人たちである。何故あれだけの大掛かりな作戦をやり、首に三〇〇〇万ドルもの懸賞金をかけたのに、オサマ・ビン・ラーディンの行方すらつかめないのだろう。テロを実行した若者一九人には母親がいるはずだ。自分の息子を失い、何千人もの人たちを巻き添えにしたとあっては、悲しみ、世界にお詫びするというのがまず私たちの文化の中で予想できることである。

彼女達が何故テレビに登場しないのか事情通に聞いてみると、母親達は悲しむどころか、良い事をしてくれたと泣いて喜んでいるのだという。一生かかっても使えないような大金をもらって仲間を売るよりも貧しさを選ぶ人たちなのだろう。

アメリカはテロリストの温床を潰すためミサイルと航空機でアフガニスタンを攻撃した。しかし地上では北部同盟というイスラムのグループを使い、自国の兵士が入ったのは最終段階で、しかもごくごく限られた少数の兵力だけである。

それによってタリバン政権は倒れ、事は思惑通り進んでいるかのように言われている。だがアメリカの思惑に従って地上で闘ってくれたイスラム勢力にアメリカは然るべき敬意を払い、感謝の念を伝えたかと言えば、私が知る限り話は逆である。北部同盟の先走りに警告する発言のみが伝えられて来ている。

二三年前イスラムの若者を煽り代理戦争にかり出し、使い捨てにしたと恨みを買ったアメリカが、また同じように恨みを買う行為をしているとしか私には思えない。テロは忘れた頃にやってくる。

ソビエトのゴルバチョフ大統領と、今のブッシュアメリカ大統領の父親のブッシュ大統領が、地中海の小島マルタ島で冷戦の終結を宣言してからもう一五年になる。冷戦の残り滓についてももう思い出すことも少ない。しかし冷戦のつけは確実にまだ残ったままである。

テロはその清算の難しさを教えてくれている。そして同時にこのままだとテロはまた繰り返される事になるだろう。二〇〇一年九月一一日、私はその五年前に自分が関わった番組でアメリカの危うさに触れたことが現実のものになって、恐ろしくなった。

違った文明と闘うのに爆撃機とミサイルだけでは無理だし、自信とパイオニアスピリットだけでも駄目だろう。イラン・イラク戦争が始まった時、私がたまたま居合わせたテヘランでは地上からあらゆる光が消え、代わって満天の星が輝き、息を呑む美しさだった。その美しさを心から楽しむ余裕は戦争取材の中で全くなかった。

アメリカは一極支配の中でいわば満天の星でもなんでも手に入れている状況だろう。心に余裕をもって少しだけ後ろを振り返ってみれば、冷戦のつけを少しずつ清算する道も見つかるだろうに、というのが私の星空に寄せる思いである。

過激と信頼

二〇〇二年六月九日、サッカーワールドカップ日本対ロシア戦でロシアが敗れたのをきっかけにモスクワで若者が暴れ死傷者多数を出すという暴動が伝えられて、ロシアは危険だと旅行を取り止めた人を知っている。

あの騒ぎをテレビで見ればそんな気持ちにもなるかも知れないが、この程度のことでロシアを怖がっていては、とてもとてもロシアの面白さ、奥深さはわからないだろう。そもそもロシアはひどく過激な国なのだ。過激とは、極端から極端に走るということだ。

革命にしてからがそうだ。皇帝を頭に置く帝政がどうも上手く行かないと知ると、はやりの共産主義に走り、人の血をあまた流して理想郷を作ろうとした。あまたと言ったって半端な数ではない。レーニンやスターリンが殺した人間は数百万を数える。数百万を殺した人物が偉大な指導者として長くあがめられてきた国柄である。

御存じゴルバチョフが登場して共産主義の暗部が明るみに出始めた。彼の政策ペレストロイカは小泉首相風に言えば構造改革であり、彼の言論政策は少しあけっぴろげにやろうや、ということである。あけっぴろげにした結果はと言えば、共産主義はやはり駄目だ、アメリカさんの方式に変えようという選択である。長い議論があったわけでもなく、一夜にして昨日まで敵視していたイデオロギーを採用してしまった。過激と言わず何と言うだろうか。

ロシアの良心と呼ばれた歴史学者リハチョーフは、このロシア人のメンタリティーを〝新しがりや〟と名付けた。良さそうなものがあればすぐにそれに飛びつく。新しい事が閃くとすぐさまそれを実行に移す。そのメンタリティーがロケットや原子力発電など優れた科学技術を生み、シャガール、カンディンスキーの芸術につながっているというのだ。

共産主義から西欧民主主義を採用したはずの大統領が、政敵の議員を倒すために白昼堂々と議会に戦車を差し向け、全世界にテレビ中継が行われている中で派手に大砲をぶち込むのも過激なら、少数の政商がその大統領と結びついて豊かなロシアの富を独占し、ついこの間まで皆が平等だと言っていた社会で世界有数の億万長者が生まれたのも、極め付きの激しい振幅だ。

共産主義の悪の元締めだと皆が非難していた秘密警察の出身者を大統領に迎え、国民が絶大の信頼を寄せているのも、潔癖主義の日本人にはなかなか理解しがたいことだ。

だが〝ロシアは過激だ〟とまず頭に入れれば、何が起ったっておかしくないと納得することができる。過激をロシア語でイクストリームという。イクストリームはロシア理解のキーワードである。

サッカー暴動が起ったのは大統領府のクレムリンと議会下院に挟まれた広場である。広場の地下は高級ブティックがならび、広場の横にはホテルと高級レストラン、商店が並んでいる。東京で言うなら、議事堂と永田町それに銀座通りが一緒になったような場所である。

日本は、ロシアが困っていると人道援助を続けているが、この広場の周辺に駐車している車はベンツやBMWそれに日本製の四輪駆動車が主流である。ついでに言っておけば、そのベンツもBMWもシトローエンも、ヨーロッパの市場で一番売れているのはロシアである。ロシアに対する人道援助に熱心な方々はロシアのエキスパートだそうだから、こんな事実は知らぬわけはないだろう。

話が横道にそれたが、ビール壜を持って広場に集まった若者がロシアが負けた鬱憤を駐車中の高級車に火をつけて晴らし、ついでにおまわりさんを殴りつけ、もうひとつ暴れついでに周辺の商店のショーウィンドウを割りまくった。

被害にあった商店やレストランは二二七軒、破壊された車は八一台、警察官一人と少年一人が死亡し、多数が怪我をした。手当りしだい暴れまくった姿がテレビで繰り返し伝えられ、これを見ているとロシア中が荒れているのではないかと、旅行を取り止めても無理もないかも知れない。

まずかったのは騒ぎに巻き込まれた人の中に日本人がいたことだ。折からモスクワでは四年に一度のチャイコフスキー音楽コンクールが開かれていて、他の世界の音楽コンクール同様に、日本から多数の参加者と音楽学生たちが集まっていた。

このコンクールのメイン会場であるモスクワ音楽院大ホールは、若者たちが暴れた広場と隣り合わせだ。酒を飲み、燃え上がる車の火を見て興奮した連中が町を駆け抜け、音楽コンクールの会場近くにいた日本の学生数人が巻き添えになり軽い怪我をした。日本料理店もガラスを割られた。

この事だけを見れば「日本襲わる」と言いたくなるかも知れない。事実そう報じたメディアもあり、旅行キャンセルのもとになった。

モスクワには多くの民族が住んでいる。ロシア人はもちろんだが、モンゴル系、朝鮮系、中央アジア系そして中国系と様々な顔と皮膚の色をした人たちがいる。三〇年以上も前私が初めてモスクワに住んだ時、町で呼び止められてロシア人からロシア語で道を尋ねられて驚いたことがある。その時多民族国家とはこういうものかと肌で知った。

ビールを持って広場の大画面でサッカーを観戦し、ひとつ派手にやってやろうと企んでいる連中に、日本人と他のアジア系の区別がつくほどのインテリジェンスはない。まして音楽コンクールと日本人を結び付け、会場付近に押し掛けて日本人を見つけ、懲らしめてやろうなどと筋道を立てられる手合いではない。日本料理店にしたところで、二二七軒が軒並みやられたなかに一軒含まれていたに過ぎない。日本が襲われたと伝えるのは我が国のジャーナリズムの悪しき扇情主義だと思う。

過激の国の事である。この騒ぎは当然予想されていた。その何よりの証拠には、事件の二日前の六月七日、議会の下院でこの類いの騒ぎを取り締まる法律が通過をしている。その名も「過激防止法」という。

暴力による権力の奪取から、ネオナチのカギ十字を掲げたデモ、更には民族的宗教的な憎悪を煽るような言動はネットの上でも伝搬するのを禁止する内容で、大統領が議会に提出した法案である。今の法律で十分取り締まれるではないかという議論がなかったわけではないが、法律の名称が議員を始め国民の心配するところとぴったり来て、圧倒的多数の支持を得て議会を通過している。

議会はサッカー騒ぎの起った広場の真ん前にある。見事に騒ぎを予想した行動だと思うが、予想しながら防げなかったところにロシア的チグハグさがある。明らかに警備当局の手抜きである。過激派の取り締まりを強めるため、わざと警備を手薄にして騒ぎを起こさせたのだ、と深読みする議員もいたが、そこまで過激には私は取らない。

こんな話をするとロシアの勝利に向かってみんなカッカとしていたのではないかと思われるだろうが、それが違うのだからロシア理解は一筋縄ではいかない。日本とロシアの試合の前に、我が国のテレビで伝えられたファンの雰囲気を思い返して頂きたい。絶対勝つ！　三対ゼロだ！　などと若者がわめいていた。試合に絶対などあるはずもない。そんな発言を喜んで伝えるメディアを私は悲しく見るのだが、それはここでの本題ではない。あの連想からすれば、当然ロシアはカッカとして、絶対勝つ！　とわめいていたと思うだろう。

それが違うのだ。私はロシアは侮れないと思っていた。公平に見てロシアに分があるのではないかと思っていた。そう判断した理由のひとつは物質的刺激である。選手とチームに報賞金が出ていたことはもちろんだが、石油会社が勝利戦の最優秀プレーヤーにはポルシェを与えると発表していた。上手く行った時に備え七台分を用意していると煽っていた。

一台ざっと一千万円ほどの賞品である。日本の外交官や政治家が、ロシアは日本がお金を出して助けてあげないといけない、とても可哀想な国だと、恥ずかし気もなく国会で喋っている時、ひとつのロシア企業がやろうとしていたことである。先生方のおっしゃることの当否は別として、私はロシアでこういった物質的刺激がとんでもない力を発揮するのを見て来た。例えばオリンピックでロシア選手がどうしてあんなに沢山の金メダルを取るのだろう。

物金の刺激だけではない。ロシア人はいざと言う時に火事場のバカ力的な振る舞いを見せる民族である。一八一二年にナポレオンを撃退した時もそうだし、第二次世界大戦だってそうだ。こんな戦争とサッカーの試合を比べるのは大袈裟過ぎると思うかも知れないが、サッカー好きのロシア人にとっては、四年に一度の大戦である。火事場である。

試合の直前私は何人ものロシア人と話した。彼等は、ロシアが勝つと言うだろうと予想していた。ところが誰もロシアが勝つと言わないのだ。勝つどころかロシアは駄目だ、負けると断言する。その中にはパノフ駐日大使もいた。愛国的なロシア人が何と言うことを。

何故だと言う私の驚きに彼等の分析は冷静だった。まずチーム全体が怠けている。碌な系統だった練習もしていない。監督は指導力もなく、サッカーのやり方も知らない。従ってロシアは負けると断言したのだ。

そしてその通りになった。過激ばかりに目を奪われるとこの冷静さは理解出来ない。サッカーの騒ぎと、その周辺で行われていた冷静なものの見方は、ロシアが分かったような気になっている私にも、とても面白い体験をさせてくれた。

極端から極端への過激さと同時に、今のロシアを見るカギは信頼である。ロシア語でダヴェーリエという。ＫＧＢ秘密警察アレルギーのはずのロシア人が、なぜつい先頃までその組織の一員であったプーチン大統領を支持するのか。

それは実績である。行動である。ひとつの例を話そう。就任二周年を前にしてプーチン大統領はドイツを訪問し、シュレーダー首相と会談した。ドイツはかつてベルリンの壁崩壊前後にプーチンがKGBのスパイとして勤務したところであり、彼はドイツ語を不自由なく使う。

首脳会談の主なテーマは借金問題だった。ロシアは法的にかつてのソビエト連邦を引き継いだ。債権債務共にである。ロシアが重ねた借金は大きかった。公的な債務だけで四二〇億ドルにのぼり、その返済交渉はパリで行われているところから、交渉の場はパリクラブと優雅に呼ばれている。

その中で一番大きな債権を持っている国がドイツである。その額六五億ドル。この借金の返済をどうするかをめぐって、かつてスパイをされた国の首相と、スパイをした人物が話し合ったのがこの首脳会談だ。

まことに当然の事ながら借金をしているロシアは返済額をできるだけ少なくしようとするし、債権を持っているドイツはできるだけ多くを早く取り立てようとする。ここでプーチン大統領が凄腕を見せたのである。

借金の返済額を少なくまとめるのに実力を発揮した。六五億ドルをどのくらいまで減らすことが出来れば凄腕と言えるだろうか。三分の二か半分か。常識的に考えれば半分にしたところで大変な成果だろう。

プーチン大統領が実際にまとめた額は……三億五千万ドル、借金を一八分の一だけ返すことで話をつけたのである。凄腕と言って差し支えないだろう。

ではいかなる方法でこんな芸当が出来たのか。彼は世界の不幸を利用したのである。テロだ。二〇〇一年のテロによって中東は一層不安定になった。そのうえアメリカはイラクをならずもの国家と呼び、大統領の暗殺まで容認し、いつ攻撃を仕掛けないとも限らない情勢になっていた。プーチン大統領はこれを借金返済交渉の材料にした。

中東情勢が不安定になることはすなわちドイツのエネルギー資源の確保が不安になることにつながる。そしてその不安は目前に迫っている問題である。プーチン大統領の国は石油天然ガスを無尽蔵に抱えている。この年の二月には月間ベースで初めてサウジアラビアを抜き、世界最大の産油国になった。

「シュレーダーさん、わがロシアはあなたの国に将来にわたって安定的に石油天然ガスを供給することが出来ます。例え中東地域がどんなに混乱しようとも。その混乱は遠い将来の話ではありません。もう目の前に迫った問題です。ひとつここはお互いの国益のために思いきった措置を取りましょう」

というようなことを言ってシュレーダー首相に迫ったのだろう。「原油と言えば、ドイツが引き継いだ東ドイツに、わがソビエトは世界の市場価格の何分の一かで供給してきました。そのへんも考慮すべきでしょう」みたいなことも勿論数字を具体的にあげて言ったろう。

その結果が一八分の一である。世界の人が頭を悩ませているテロを交渉の材料にするとは汚いぞ、などというのは国益を賭けた外交交渉を知らない人の言うことである。汚いと言われようと、嫌なやつと罵られようと、国の借金を大きく減らせば、それは国家と国民に対する貢献である。

大きく譲歩したかに見えるドイツ首相は「もはや過去にこだわっている時ではない」と国民に訴えた。国民もまた世界の情勢を理解し、この大幅譲歩を受け入れた。現実的であり、先が見えている。

かくのごとくプーチン大統領が高い支持を獲得している裏には具体的な実績がある。単なるイメージだけの問題ではない。その大統領を相手に領土問題という国家間の最大の難題を日本は話し合わなければならない。

中東問題に日本が積極的に関与するとかで、外務大臣がイスラエル、パレスチナに乗り込んだ。何百年もの怨念が渦巻き、自分の命を捨てても相手を殺したいと戦っている地域に出かけ、外相が訴えたのは、わずかばかりの金をちらつかせ「話し合いましょう、話せば分かるでしょう、お互いに仲良くしましょう」である。とても辣腕プーチンと渡り合える力関係ではないことを、承知しておかなければならない。

過激な手法で信頼を得ている大統領の国で、我が国の大使館建設問題が騒がしい。大使館に一〇〇億円もかけるのはけしからんという報道がその騒ぎのもとである。

私は豪華な大使館が建設されることよりも、もっと重大な問題が日本の外交にあると思う。批判されているのは、大使館がプールを備え、大使館員用にテニスコートもサウナもあり、豪華すぎるのではないかという点である。問題の本質は別のところにある。

「まともな大使館を早く建設すべきだ」の一言に尽きる。日本は世界に冠たる経済大国である。経済大国であるならば、それに相応しい外交の舞台を持つべきである。モスクワの日本大使館はとても日本人として誇れるような代物ではない。

場所こそクレムリンに近いけれども、建物はと言えば、帝政時代の金持ちの妾の館の馬小屋である。大使館の執務室は客を呼べるような環境ではなく、大使公邸でパーティーをやっても客は駐車もままならないという状態である。

日本を代表し、国益を考えて誇りを持って外交官たちが働ける環境とはほど遠い。大使館の中に入らずとも、大使館の近辺に行っただけでみじめな気分になる。家は人を作ると言うが、この環境で胸を張って外交を進めよと言ったところで、とてもそんな気分になれない環境なのだ。私が早くまともな大使館を建設すべきだと言い続けたのはそこに理由がある。

やろうと思えば出来ないわけではなかった。現実に私はNHKの支局をアメリカのABCと組んで一年間で建設した経験を持っている。しかしロシアの官僚主義、賄賂が横行する世界での建設にはよほどの面倒を覚悟しなければならない。

私も一年間は毎朝早起きをして建設現場に出かけ、イギリスの建築コンサルタントから送られてくるファックスと首っ引きで工事の進捗状況を監督した。何とか委員会という官僚組織からも屈辱的な介入を受けた。しかし自前の支局が出来、皆が効率良く快適に働く環境ができることを考えれば、そんなことは苦労でも何でもなかった。

日本大使館の恥ずべきところは、誰もその労を取ろうとしなかったことである。予算がなかったわけではない。敷地も確保してあった。おまけに建設準備の為に国費を使って建築家を何年間もモスクワに滞在させ、準備をさせていたこともある。しかしその建築家のモスクワ滞在の結果は、日本で当時の公使の邸宅が建設されただけである。

虫の巣のような環境に置かれながら、だれもその環境を変えるために自分が労を取ることをしなかったことが一番の問題である。北朝鮮から逃げ出して瀋陽の日本総領事館に逃げこんだ家族を中国の官憲に引き渡してしまった事件と同根で、面倒は背負い込みたくないという、事なかれ主義の現れである。

ソビエト時代から欧米諸国も大使館の問題では苦労している。外国の建設会社には工事を認めず、工事の結果は建物中に盗聴器が仕掛けられていたというような、苦い経験をアメリカもドイツも持っている。だから大使館を建設しなかったかと言えば日本の姿勢とは逆である。

事なかれ主義に次ぐ問題はこの大使館がどう使われるかである。一一回も長い冬をモスクワで過ごした私には、健康維持のための苦労が良く分かる。私は金を払ってモスクワのオリンピックプールで泳ぎ、日本でゴルフをする程高いテニスコートを借りて体力を維持して来た。だから大使館の中に、プールを作ることもテニスコートを備えることも理解できないわけではない。

しかしそれをどう使うかが問題だ。アメリカもドイツも立派な施設を持っている。しかしその施設は広く活用している。例えばドイツ大使館にはビアホールがある。私も何度も利用したことがあるが、身元さえはっきりさせれば、日本人の私にもドイツ人と同様に生ビールを安く飲ませ、ソーセージなどを食べさせてくれる。アメリカ大使館には大使のブリーフィングで毎月通っていた。

プール、サウナ、テニスコート、私は利用の仕方によっては結構だと思う。批判の報道が行われているのは、恐らくその設備は大使館員とその家族の為だけに使おうとしたことがばれたからだと思う。恐らく治安を理由にしているだろう。ではアメリカやドイツの大使館に同じ問題はないのか。

在外公館の最大の役割は邦人の保護である。私の体験から言っても、残念ながらその基本的なことが忘れられ、大使館員と家族の生活だけが優先する傾向があることは確かである。モスクワの日本大使館と日本人の間には信頼関係が欠けている。そしてそのことは当然の事ながらロシア側にも知られている。

ロシアは過激で振幅が大きいが、信頼を勝ち取れば過去は問わない面白さがある。過去を問えば、多かれ少なかれ皆すねに傷を持っているからだ。

ちまちまとした日本大使館建設をめぐる騒動は、例え外交の舞台が完成したところで、とうていロシアに日本の思いを通させることなど出来そうもないことを予感させている。

ロシアでは何でも有り

ロシアの人たちはよく言う。「ロシアでは何でも有りさ」。日本で聞いたところでさして新鮮味も深い意味も感じられない言い方だが、これがロシアに行くと実に現実感がある表現になる。ということはロシアで起っている出来事をこの表現に当てはめて考えると分かりやすいということでもある。今回は「何でも有りのロシア」がテーマだ。

二〇〇二年一〇月初め、ロシアの船旅を楽しんだ。サンクトペテルブルクからモスクワまで、河と運河と湖を通ってざっと千キロを客船に乗ってのんびりと六日間をかけての旅である。時は秋、サンクトペテルブルクやモスクワの観光にはさして興味はないが、船旅で周辺に展開する黄金の秋を期待しての旅である。

船は四千トンのレーニン号、日本の旅行会社のチャーターで、日本から一六〇人ほどの人たちが、この昔懐かしい名前の船で旅をする。最初の出来事は船に到着するまでに起った。飛行機の遅れや乗り継ぎの悪さで、旅行者のサンクトペテルブルク空港到着は予定を六時間も遅れ、空港に着いてみると折から日曜日の深夜とあって、荷物をハンドリングする労働者の姿はなく、えんえん待たされることになった。

こんな時、皆さんだったらどうするだろう。恐らくイライラし、添乗員に文句を言い、だからロシアは嫌いだとおっしゃっても不思議ではない。日本では何事もこんなにルーズになることはないし、予定通りことが進まなかった時の説明だって真面目にやる。

私は旅のしょっぱなからロシアを知ってもらうのに格好のチャンスが来たと喜んだ。旅行会社がこの旅を企画した狙いの一つに、「ロシアの本当の姿を知る」という一点が含まれていて、私の役目はその手助けをすることでもあったからだ。「こんなことでは驚いてはいられませんぞ。なにしろロシアは何でも有りの国だから」と説明し、ロシアの面白さは予想外の事が愉快不愉快を含めていっぱい起ります、と警告した。

ロシアの旅はその予想外、予定外の事が起ることを不満の種にしたら楽しめない。楽しむ秘けつは、もっとおかしなことが起るだろうと逆に予想して愉快がることである。すべてきちんとした旅なら、なにもロシアくんだりに行かなくても日本で十分味わえる。

予定の遅れはあったがサンクトペテルブルクでの観光を終え船は夜出港し、大河ネヴァ河を遡って滑らかに航行を始めた。河船の旅である。滑らかな航行で当たり前で、船客の中には船の揺れが苦手なので、この旅を選んだという人もいた。それを見当違いだと言う人はいない。

夜中に目が覚めた。船が大揺れに揺れているのである。前に横に激しく揺れ、船体がギシギシと軋む音さえ聞こえる。波が窓に当ってくだける。棚から物が転がり落ちる。ロシアでは何でも有りですと訳知り顔に言った手前もあり冷静を装ってみるが、どうも落ち着かない。ベッドの下から救命胴衣を取り出して装着の練習をしてみる。一時間、二時間、三時間。騒いだところでどうにもなるまいと目を閉じている間に眠ったらしい。

目が覚めた時船は滑らかに進んでいた。カーテンを開けて息を呑んだ。明るい朝日を浴びて黄金の秋が両岸に広がっていた。白樺は黄金色に輝き、その向こうには針葉樹の緑が黄金色を浮き立たせ、水面にはその景色がそのまま映っていた。歌心があればさぞかし良い題材になったろう。詩心に欠ける私は代わりにスケッチブックにその美しさを写し取った。

河船がなんで大海原でのように揺れたのか。理由は湖での嵐である。船はネヴァ河を遡り、夜半に源流の湖ラドガ湖に入った。湖と言うけれどその広さはざっと一万八千平方キロ、東京都全体にも匹敵して、海と呼びたくなる大きさだ。そこに強風が吹いて湖面は荒れた。その結果が船の揺れになった。

朝食の席ではこの揺れが話題になっていた。私は知ったかぶりを決め込んで「いや、ロシアは何でも有りですから」などと言ってみたが、この嵐は長年船に乗っている船員も経験したことのない、激しいものであったことを後から聞かされた。ともかく何でも有りではある。

その後もロシアの人たちが「お婆さんの春」と呼ぶ温かい日があったかと思うと、翌日には雪が降る寒さになるという具合で、その変化の激しさを船客たちは「何でも有り」の言葉と共に味わった。

行けども行けども建物など一つもなく、えんえんと黄金の大地が続く姿を見て、日本の船客が一様に発したのは「なんて広い国だろう」である。日本の四六倍の国土を持つロシアであることは、数字の上では分かっていても、実際に接してみるとやはりロシアは広い。広さを実感し、その次に船客たちがこれ又一様に言ったのは、「ちっぽけな島くらい返してくれたっていいのに！」という感想であった。

船にはロシア人の乗組員の他、日本語の出来るガイドや、日本人の質問に答える大学の先生なども乗っていた。日本人船客は広大な国土を見た上での感想をロシア人たちに話した。ロシア人たちは領土は広いから譲ると言うものではないと、ロシア人としては至極当たり前の反応をした。

その反応を見て日本人女性が「返さないと言うなら、ロシアは日本の援助が無くてもやっていけるのですか！」と言ったのである。これは大変なことになった、だが面白くなったと私は思った。

日本人の多くの人たちはロシアが援助を必要としている気の毒な国だと思っている。思っているだけではなく、そういう観点から外務省や政治家の後押しで、ロシアを支援する機関が作られている。そこに税金がしこたま注ぎ込まれているのは、二〇〇二年の春以来の外務省と政治家の騒ぎで広く知られていることである。

日本国民の税金を使って政府が援助をしているのだから、普通の国民が、ロシアは日本の援助なしにはやっていけない気の毒な国だと考えて何の不思議があろう。女性船客の発言だって責められない。だが実情を言えばロシアは日本が設立したロシア支援組織に代表等送り込んでいないのだ。援助が欲しければ援助機関に人くらい出すだろう。人も出さず、要求もしないことは日本の援助なるものがなくたって十分やっていけるという意志表示である。

天然ガスは世界一、石油もサウジアラビアと一二を争う大資源大国である。サウジアラビアにだって貧乏な人も、物をやると言えば喜んで受け取る人だっているだろう。しかしだからといって人道援助をしようなどと考える者はいない。ロシアだって事情は同じだ。

「援助無しでやっていけるのか」と日本女性に言われたロシア人ガイドはさすがにきっとなった。「私たちは日本の援助がなくても十分やっていけます！」喧嘩口調ではなかったけれど毅然とした言い方だった。これを聞いた日本女性は怖い感じだったと言った。

人道援助を口実に予算を獲得する役所も、それを利権にする政治家も、日本とロシアの理解のギャップを生み出して、とんだ罪作りをしているものだ。何でも有りのロシアだと言ったって、何でも許されるものではない。

プーチン大統領は、私の旅行のさなか一〇月七日に五〇歳の誕生日を迎えた。若い大統領を、この直後に襲ったのがチェチェン人の劇場人質事件である。疑問は一杯ある。

警戒厳重なモスクワに、戦い相手のチェチェンのテロリストが四一人もまとまって、その上に大量の武器爆薬を抱えて入り込むことが出来たのか、プーチン大統領は人質に多くの犠牲者が出る作戦をどうして選んだのか、もっと言えば一二九人もの犠牲者が出るような作戦を実行して、どうして責任問題にならないのか。

なぜ責任問題化しないのかという問いに対する回答は、日本とロシアの国民性の差を知る格好のものである。二〇〇〇年、愛媛の水産高校の練習船がアメリカの潜水艦に衝突されて沈没し、練習生や乗組員が死亡行方不明になった事件の第一報が入った時、日本の首相はゴルフ場にいた。連絡を受けた首相は最後の一ホールを残しただけだったために終わりまでプレーをして官邸に駆け付けた。日本のメディアや国民は、そのことで首相の危機管理の姿勢がなっていないと非難し、首相への支持はますます低下し、引退へとつながっていった。

同じ頃ロシアでも同じような事件があった。前にも触れたが、ロシアの誇る最新鋭の原子力潜水艦クールスクがバレンツ海で沈没し、乗組員一一八人が海底に閉じ込められた、あの事件である。プーチン大統領はゴルフではなかったが折から夏の休暇で黒海の保養地で泳いでいた。大統領は軍の最高司令官である。部下が一一八人船もろとも海の底に閉じ込められたと連絡を受けても、プーチン大統領はクレムリンに駆け付けるでもなく、現地に飛んだわけでもなく、テレビで発言したわけでもない。休暇を取り続け、五日間も何の発言もしないままだった。

恐らく最高司令官である大統領のところには本当の情報が届いていたであろう。全員絶望という知らせである。ダメなものはダメだ、休暇を切り上げて格好をつけるまでもない、と冷徹な判断が出来るのがプーチン大統領である。余りにも冷たいではないか、人間の血はないのか、というのは日本人の感情である。

ロシアにだって大統領はどうした、という声がなかったわけではない。しかしその声が大統領の首に影響したかといえば否である。ゴルフ一ホールで政治問題化する日本と、五日間沈黙でも何事も起らないロシアは、ロシアを見る時の大いに参考とすべき差である。人質一二九人が犠牲になっても犯人を殺す作戦を取れるメンタリティーの国と、目の前で幼児を殺すと脅迫している犯人を狙撃することが出来ない日本との違いである。

私たちは自分の国の尺度で世界の他の国々の出来事も判断しがちだ。その判断からすれば、犠牲者が多数出る作戦は理解出来ない。部下が多数海の底に沈んでいても、ダメなものはダメだと、無駄な動きをしない人物が最高指導者の地位にあり、その行動が政治生命になんらの影響を及ぼさない国がロシアである。

何でも有りのロシアを痛感させたのがチェチェンゲリラの劇場人質事件だったが、私が一番不思議に思うのは、何故四一人もの武装したゲリラが首都の中心部まで爆薬を一杯抱えて入り込むことが出来たかである。これについては彼等を運んだ遠距離バスの責任が問われたりしているが、私の推測ではロシア内部に手引きをした人物がいるだろう。そう推測するには一つの材料がある。

チェチェンがイスラムの国を作ると一方的に独立を宣言してから三年後、時のエリツィン大統領は「勝手な独立など許せるか」と大挙軍隊をチェチェンに送り込み、チェチェン等一日で平定してみせると豪語した。一日は言うに及ばず、一か月はおろか一年たっても平定とはほど遠く、ロシア軍の犠牲者はアフガニスタンに軍事介入した時のペースを上回る速度で増えていった。

軍事力から言えばロシアはチェチェンと比べものにならなく強大である。それなのにロシア側の犠牲が大きい。そんな時に私のところにビデオテープが持ち込まれた。明らかに隠し撮りをしたビデオには、チェチェンの戦闘地域でロシア軍の将校がチェチェンの兵士に武器を売り渡しているシーンが写っていた。値段の交渉をしている音声までも録音されていた。

このシーンはＮＨＫの放送で使われ、さすがにロシア当局はこの武器密売の軍人を突き止め逮捕した。戦場の最前線で殺し合っている者が、自分の命を奪うかも知れない敵に武器を売り渡すなどという発想が起るものだろうか。それが現実に起っていたのがロシアである。チェチェンゲリラの首都潜入に私が腐敗の臭いを感じるのは、考えられないことが実際に起ったこの実例を知っているからだ。ロシアでは何でも有りなのだ。

何でも有りのロシアを、アメリカのブッシュ大統領が二〇〇二年五月に公式訪問し、プーチン大統領と会談した。モスクワでの会談のあとプーチン大統領は故郷サンクトペテルブルクにブッシュ大統領を招待した。

サンクトペテルブルクといえばロシアの芸術と文化の都、帝政時代には世界の著名な音楽家でここで公演をしなかったものはいないと言われる程の文化の中心であった。その伝統は今でも生きている。プーチン大統領は当然のことながらここでブッシュ大統領にロシアの文化的伝統に接してもらうことを考えた。まずは世界に誇るエルミタージュ美術館。こちらはすんなりと受け入れられた。

ブッシュ大統領が渋ったのが劇場へ行くことだった。サンクトペテルブルクにはマリインスキー劇場というオペラバレエの劇場があり、今この劇場の音楽監督で指揮者は世界で引っ張りだこのワレーリー・ゲルギエフである。プーチン大統領とも親交がある。私自身も大好きで、幸いなことによくつき合っている仲である。とにかく彼の作る音は素晴らしい。ロシアはその素晴らしさをアメリカ大統領に知って欲しかった。

ブッシュ大統領が何故このプランを渋ったのか。ロシア側の推測に私の判断を混ぜて言えば、ブッシュ大統領は余り劇場に足を運ぶ人物ではないということだ。オペラやバレエを長々と見させられるのは退屈だと思ったかも知れない。

結果を言えばブッシュ大統領はロシア側の提案に同意し、マリインスキー劇場のローヤルボックスに納まった。ロシア風に言うと皇帝陛下の席。この日ゲルギエフが指揮したのはチャイコフスキーのバレエ胡桃割り人形。クリスマスシーズンに定番になっているポピュラーな出し物だ。

本物の芸術は力を持っている。劇場行きを渋ったブッシュさんもこの公演がすっかり気に入り、幕間にゲルギエフと話し、バレエが終わった後も拍手を続け、さらに劇場を去る時、リムジンに乗り込む前にゲルギエフと長々と話し込み、ＳＰをひどくやきもきさせた。プーチン大統領も心配したほどである。

ブッシュ大統領はゲルギエフがアメリカ公演に来た時には会うことまで約束した。劇場に行くことさえ渋った大統領がかくも変わったのだ。繰り返して言うが、芸術の持つ力である。

ゲルギエフはこれをこんな風に言う。「もしブッシュさんが前からもっとこういう芸術に触れている人であったら、イラクについての発言も違っているだろう。イラクにも優れた民族の文化があることに思いを致したかも知れない」

モスクワの劇場人質事件は、何でも有りのロシアの嫌な側面をさらけ出した。しかしサンクトペテルブルクの劇場は、好感出来るロシアの芸術文化の力を見せてくれた。本当にロシアでは何でも有りだ。

劇場とブッシュ大統領についてアメリカでささやかれている小ばなしをユーモリストの通訳

者村松増美さんから聞いた。
ブッシュ大統領が夢を見た。夢のなかに出て来たのは初代大統領のジョージ・ワシントン。ブッシュ大統領はワシントンに尋ねた。
〝国の為にいちばん何をしたらよいでしょうか?〞
ワシントンは答えた。〝戦争を避けなさい〞
ブッシュ大統領はまた夢を見た。今度現れたのはトーマス・ジェファーソン。かの独立宣言の起草者である。大統領は聞いた。
〝国に尽すには何をしたらよいでしょう?〞
〝なん人も平等に扱いなさい〞とジェファーソンは教えた。
ブッシュ大統領はお礼を言った。
大統領はまた夢を見た。現れたのはエイブラハム・リンカーン。ブッシュ大統領は質問した。
〝国の為にまず何をしたらよいでしょう?〞
リンカーンはブッシュ大統領の顔をまじまじと見つめた。そして言った。

〝劇場に行きなさい！〟
大笑いをする前に、私はしばらく考えなければならなかった。

オイストラフの哲学

我が家でしばしば見るＤＶＤに「アート・オブ・ヴァイオリン」というのがある。ハイフェッツからクライスラー、メニューインから二〇〇二年に亡くなったスターンなど、歴史に残る名演奏家たちが映像と共に登場し、これにメニューインやパールマン、ロストロポーヴィチといった人たちが評価をし、意見を開陳しているドキュメンタリーだが、音も実に良く整理されていて、優れた音楽家たちのコメントに深みとユーモアが感じられ、何回見ても飽きることのない傑作である。

見るだけではなく、仕事をしながら音だけ聴いても、実に楽しい作品だ。

その中にメニューインの若い時からの天才振りが紹介され、彼自身が名演奏家たちについての意見を述べているくだりがある。天才と謳われたメニューインが脱帽して敬意を表しているのが、ロシアのダヴィド・オイストラフである。下膨れの小太りのオイストラフと、端正でスマートなメニューインが共演をする珍しい映像も紹介される中で、メニューインがオイストラフの演奏にいかに感動し、そしてかなわないと思ったかを温かく語っている。

このDVDは二〇〇二年に発売されたものだが、二〇〇三年の正月サンクトペテルブルクでそのオイストラフが話題になった。今回のテーマはそのオイストラフの生き方である。ロシアを理解するのに大いに役立つ話だ。

正月初めにサンクトペテルブルクに出掛けた。狙いはロストロポーヴィチのサンクトペテルブルクの自宅に出来たホームシアターを見ることにあった。これには訳が有る。

ロストロポーヴィチと私の出会いと付き合いについては、以前にお伝えしたが、九八年三月に日本公演の際に我が家にやってきたことがある。ガリーナ夫人と共に我が家で女房の手料理を食べ、面白おかしくロシア内部の話をしたのだが、その時に我が家で見たホームシアターの装置をマエストロがいたく気に入った。

せっかちなマエストロである。「同じものをサンクトペテルブルクの自宅に作りたい。すぐに!」という。

私の持っているものを世界のマエストロが気に入ったのだから悪い気はしない。早速にメーカーを紹介し、メーカーのメディアセンターにも行って装置を見て廻ったのだが、この世界は日進月歩である。すでに私の装置より新しく良いものが出来ていて、メーカーはそれをしきりに薦めるのだが、「カズオのものと同じものが良い」と言って聞かない。

その上に当時のロシアの通関の問題や、工事をするロシア国内の業者の事情も日本とは違っていて、なかなか話がまとまらなかった。

しかしロシアは確実に変わって来た。オーディオ・ビデオの需要が大きく膨らんで、業者も増え、業者の技術も向上し、ここにきてようやく希望の設備を自宅につけることが出来たという。マエストロのたっての希望だったから、恐らくメーカーもそれなりの努力とサービスをしたのだろう。ともかく希望が叶ったのだから、そのきっかけになった私にそれを見せると言うのが、ことのいきさつだ。

ロストロポーヴィチのサンクトペテルブルクの自宅はネヴァ河沿いの、かのエルミタージュ美術館の近くにある。外観は普通の住宅と変わらないのだが中は新しく改装され、一階が事務所や資料室、食堂、二階が台所や寝室それにエルミタージュ美術館を彷彿とさせるような客間やホールがある。丹下健三さんの手になるという和室もあり、ここで日本茶を飲むのが好きだと言う。

客間からネヴァ河を見ると巡洋艦のオーロラ号が見える。ロシア革命の合図になった号砲を発した船である。

「オーロラ号が我が家に砲口を向けているのが気に食わん。だからこちらもオーロラ号に向けて大砲を据えたんだ」と、窓際の小さな置き物大砲を説明し、マエストロは楽しそうに笑っていた。

目当てのホームシアターは最上階の三階にあった。ここは小さなコンサートや新人のオーディションなどに使われるホールで、グランドピアノ二台が置かれ、ステージが作られているが、ロストロポーヴィチはここに一〇〇インチのスクリーンを設置し、天井にプロジェクターを取り付けてホームシアターとしていた。

形は我が家と全く同じだが、五年のあいだの技術の進歩は大きい。プロジェクターは三分の一ほどの小型軽量になり、音は五・一チャンネルのスーパーオーディオになっていた。

そこで最初に彼が見せてくれたのはガリーナ夫人のリサイタルだった。美声と美貌で名を馳せた彼女が、ロストロポーヴィチのピアノ伴奏で歌っている記録である。一九六〇年代に収録したものだそうだが、美声も美貌も十分に評判通りで、変わらないのはマエストロの髪の薄い風貌だけだった。

「ガリーナはまだここにホームシアターを作ったことを知らない。全く気付かれないように工事をしたんだ。彼女は今モスクワにいるが一月下旬にサンクトペテルブルクにやって来た時にこれを彼女にプレゼントするんだ」

と企みを楽しそうに話した。いたずら好きである。

私はオペラや映画を楽しむためにホームシアターを作ったが、マエストロの狙いはもう一つ別のところにあった。彼には自分の業績の膨大な記録がある。ＳＰ、ＬＰのレコードから録音テープに保存された演奏、それにビデオテープやフィルムに記録されたものである。いずれも時とともに劣化してしまう。

これをすべてデジタルで保存しようというのが、マエストロがホームシアターを作ったもう一つの理由だった。アナログを徐々に整理してデジタル化して品質の良い状態で何時でも聴き、見られるようにしようというのだ。

記録を残しておくことについてこんな話をした。

彼が師とするショスタコーヴィチの遺産についての話である。ショスタコーヴィチとロストロポーヴィチは郊外の同じ場所に別荘を持っていた。ショスタコーヴィチは自然に恵まれた別荘をこよなく愛し、市内の住宅にはほとんど住まず、ここで多くの作品を生み出した。

彼が亡くなり住宅も別荘も子供達が相続した。別荘地は分割され、新しい家が一軒も建ち、景観は変わった。そのうち別荘そのものも改築されて、ショスタコーヴィチが好きだった家の周辺の環境もすっかり変わってしまった。

そのうちに市内の住宅も人手に渡りそうになった。これにはロストロポーヴィチが気付いて自分が買い取り、ショスタコーヴィチ記念館にする準備をしているというのだ。

息子の一人マクシムは名の通った指揮者でロシアで活躍しているが、ロストロポーヴィチには親の遺産をちりぢりばらばらにする子供達には我慢がならないらしく、「恥を知れ！」と本気で怒っていた。

ロストロポーヴィチ七五才。自分の仕事をきちんと保存しておきたいと考えたのはそんなことを見たことも関わっているのかもしれない。共産主義の時代から今日まで、芸術でも社会との関わりでも攻撃的に生きて来たマエストロが、守ることを考え始めたのかと思う。彼の家には音楽学者二人が詰めて、記録や資料の整理を始めていた。

整理すべき資料や物が山ほど有る。何にでも興味を示すマエストロは物の蒐集家でもある。物を集めるというのはエネルギーのいることだが、その中で彼が大切にしているのがチェロをテーマにした置き物や人形のコレクションである。天井まで届く照明付きの大きなケース二つにびっしりと飾られている。

陶器、ガラス、金属から木彫とマエストロが演奏旅行の先々で集めたもの三〇〇点、その一つ一つに思い出が詰まっていると、マエストロが話しだしたら止まらない。

その中で「これはとりわけ大切なもの」と取り出したのが一〇センチ程の骨に彫ったチェロ奏者の素朴な人形だ。大切なという理由はこんな話だった。

ロストロポーヴィチは若くして才能を認められ、共産主義教育の優等生のように扱われていたにも拘わらず、ソビエト体制の暗部を暴露した作家ソルジェニーツィンを弁護し、弁護しただけではなくモスクワ郊外の自分の別荘に匿うという、とんでもない行動に出たことは御存じの通りである。

その結果はソビエト当局の圧力となって現れた。嫌がらせ、いじめである。音楽家に対する嫌がらせで一番効果的なものは演奏をさせないことである。国家が世界的な評価を受けているアーティストにそんなことを、と思われるだろうが、ソビエトという国家はそれをやったのだ。全国に指令を出し、演奏会からロストロポーヴィチを締め出した。芸術家にとっては命取りである。普通だったらここで自分を救うため妥協をするだろう。それをしなかったところがマエストロの偉大なところである。

モスクワはいうに及ばず、およそ町らしい町で演奏活動が出来なくなった彼を受け入れてくれたところがあった。アラスカに近い北極圏のチュコトカである。チュクチ人というエスキモーの親戚の少数民族が住むところだ。

機会を与えられてロストロポーヴィチは力を込めて演奏したという。相棒のピアニストに、「大きな音を出そう、アラスカでアメリカ人が聞いてくれるかも知れない」と呼び掛けたという。直前にはアメリカ演奏旅行もキャンセルになっていた。

この辺境の地では子供が生まれるとアザラシの牙を彫って人形を作り、それを子供の守り神にする習わしになっている。演奏を聞いた長老がチェロを持つ人物の人形を彫って贈ってくれた。

「だからこれは俺の守り神だ」素朴な人形を手に、そう話すマエストロの目には涙が浮かんでいた。


マエストロ邸を見学した後は宴会になった。飲み物は言うまでもなくウォッカ。ロシアではビールでは乾杯にならない。アルコール度四〇度の透明な液体を一気に飲み干してはじめて乾杯が成立する。ロストロポーヴィチもそうだが、ショットグラスを飲み干さないと、悪意を残す、と言って嫌う。

飲む程に酔う程に、マエストロの話は乗ってくる。私の興味はつまるところマエストロの生き方であり、勇気である。ソビエトという世界を二分した一方の強大な権力と、よくもまあ真正面から闘う勇気があったものだ、という驚きである。勇気の裏にあるのは恐らく楽観的な生き方でしょうと尋ねた時、彼がそれを〝オイストラフの哲学〟というと、こんなエピソードを話した。

時は一九四九年ロストロポーヴィチは初めて共産圏以外の国に演奏旅行に出ることを許された。それがフィンランドで、一緒の仲間はヴァイオリンのオイストラフであった。ロストロポーヴィチ二二才、オイストラフは四一才のコンビだった。

この訪問で二人は作曲家シベリウスの自宅に招待を受けた。彼の作品も二人の演奏曲目の中に含まれている。二人は連れ立ってシベリウスの家に着て行く服を作りに出た。二人が入った洋服屋の主人はびっくりする程美しい女性だった。なんとその人自身が寸法を測ってくれるではないか。

「彼女がズボンの寸法を取る時など、本当に身の置きどころもない程緊張した。何しろ若かったからね、そのフィンランド女性の名前は今でも覚えている」

と青春の一幕を語った。

寸法取りが終わって二人は美しい洋服店主を翌日のコンサートに招待した。その日楽屋には彼女から三本のバラが届けられ、緊張したと言う。

問題はオイストラフがシベリウスのヴァイオリン協奏曲を演奏している時に起った。オーケストラはフィンランドラジオの交響楽団で、演奏会はラジオで中継放送されていた。

第一楽章、第二楽章をオイストラフは見事に演奏した。事は第三楽章に入って起った。オイストラフが途中からいきなり曲の終わりに飛んでしまったのだ。生放送中である。オイストラフとオーケストラがなんとかさぐり合いをしてようやく元に戻り演奏会を終えた。

ロストロポーヴィチは楽屋で放送を聴いていた。シベリウスも恐らく聴いているだろう、とんでもないことになったと、心配した。ロストロポーヴィチはオイストラフにいたく同情した。恐らく落ち込んでいるに違いない。

そこで彼はホテルの部屋にオイストラフを招き、ロシアから持って来ていたウォッカをふるまった。失敗については知らぬふりをして慰めようとしたと言うわけだ。

ところがオイストラフの様子がおかしい。少しも落ち込んでもいないし、むしろ大変御機嫌だ。ウォッカ一本を空けたところで、ロストロポーヴィチはついに黙っていることができなくなった。

「実は放送を聞いていた。あんなことをしでかしたのに、どうしてそんなに上機嫌でいられるのだ?」こう不思議がるロストロポーヴィチにオイストラフは言った。

「第一楽章はみごとにやった。第二楽章も立派にこなした。第三楽章に入ったところで、例の美人洋服店主がどこに坐っているか気になり出して、楽譜がすっとんでしまった。

しかし考えてみろ。第三楽章は失敗したが、ひょっとしたら第一楽章も第二楽章も失敗していたかも知れないのに、二つの楽章は見事にやった。何で一つの失敗で落ち込むことがあろうか」

ロストロポーヴィチはこの思考方法を「オイストラフの哲学」と呼んだ。オイストラフはこれをロシアのチェスの名人から学んだのだと言う。ロシアの音楽家でチェスの名手だったのはオイストラフとプロコフィエフだったという。

オイストラフがロシアのチェス名人とコーカサスの温泉保養地で一緒になったとき、名人が同時に素人の腕自慢二〇人を相手に対戦するというイベントがあった。オイストラフが観戦していると、名人が誰が見ても明らかに間違いの手をいくつか使った。結果は一〇勝三敗七分。オイストラフは名人が落ち込むだろうと思った。だが名人は予想に反して陽気だった。理由を尋ねるオイストラフに名人は「一〇勝もしたんだ。もっと負けたかも知れないと思えば一〇勝は立派なものさ。何で落ち込まなければならないんだ」と答えた。

この名人の思考をオイストラフは自分のものにしたという。「オイストラフの哲学」である。


ロシア人とつきあっていると、この人たちは何でこんなにしぶといんだ、感受性が鈍いのではないか、と思わせる場面にしばしば出くわす。ロシアは危機だ危機だと騒がれる場面を、いつも何となく、いつしか切り抜けて来ている。危機だと同情するのは、日本を筆頭とする外国の方で、ロシア人自身はそんなことは感じていない風だ。

ここにロシアを理解する鍵がある。ロシア人は大方が「オイストラフの哲学」の実践者だということだ。

対極にあるのがわが日本人だろう。何事も悲観的に悲観的にと受け取り、物事を必要以上に暗く見ている。ロシア人は、ロシアに比べると日本の経済の問題など取るに足らない、とよく言うが、暗く落ち込み、背中を丸め、眉間にしわを寄せて、自信を失っているのは日本人の方である。

オイストラフの哲学は楽観主義とも言えるし、前向き思考とも言えるが、私はロシア人の生命力の現れだと思っている。相手にしたらやっかいな国である。その国に同情をして援助などを考えるのは、相当に見当違いのことだと知らねばならない。

ロシアの笑い

日本の若手官僚と話していた時のことである。ロシア人の印象について話が及んだ。彼等は財務省や経済産業省の課長や課長補佐で、一番仕事をしているエリートたちだ。手弁当で国家戦略を考える勉強会を続けている頼もしい官僚である。国際会議の経験や海外勤務の経歴を持ち、次の時代の日本を背負って立つ意気込みと志を持った人たちである。

この人たちが一様に述べたロシア人の印象は私が知るロシア人とはまったく違ったものだった。ロシア人は硬くて融通がきかず、にこりともしない。面白くなく魅力がない、というのである。

この印象は実際とは大きく違っている。中にはユーモアを解さない、人間的な魅力に欠けた人がいないわけではないだろうが、ロシアではユーモアはどこへ行こうと、どんな人たちの中であろうと、生活に染み込んだ必要欠くべからざるものである。ユーモアと笑いを忘れてロシアとロシア人を理解することは出来ない。若手エリート官僚たちの話を聞いて、これは是非とも正しておかなければならないというのが、今回の話である。

若手官僚たちが付き合ったロシア人は恐らく彼等と同じように国益と国の将来を考え、真面目に仕事に取り組んでいる人たちであったろう。国際会議や交渉の場で笑いが飛び出さなかったとしても不思議はない。しかしそれはロシアのいわば表の世界のことである。建前の世界と言っても良いかも知れない。建前の世界だけで付き合って、ロシア人は硬くてつまらない、という印象をもったとしても致し方がない。

建前の世界の裏には本音の世界がある。ソビエト時代のロシアは、建前が幅を利かせ、建前と本音の間にとんでもない乖離があった。その乖離の原因を作っていたのが共産党の一党独裁というシステムだった。独裁のおぞましいところは、何と言っても言論の自由が無いことである。

共産主義は人類最高の知恵であり、歴史の必然として世界は資本主義から共産主義に移行する。その過程をリードするのがソビエトロシアであり、共産党である、という論理のもとに全てが動く。これに異を唱えるものは反体制であり、歴史の流れに逆行する反動である。新聞放送から文学、演劇、音楽に至るまで、この貴い精神に貫かれていなければならない。

役人の言動は言うに及ばずである。その世界を想像して頂きたい。手っ取り早いところでは、今の北朝鮮の状況を考えていただければ良い。その国を背負った官僚と会議や交渉で付き合って、ユーモア溢れる魅力的な人間像が出来上がるはずは無い。

ロシア人にとってユーモアは欠かせないものだと言ったが、建前の締め付けが厳しければ厳しいほどユーモアが冴える。言論統制が厳しければ厳しい程ロシア人達は笑いの為に知恵を絞った。共産主義の時代は、人の口から口へと伝わる政治ジョークの黄金時代だった。

槍玉にあがるのはやはり立派な人たち、つまり共産党のお偉方たちである。

「酔っ払いがモスクワの夜の街でわめいていた。

〝共産党書記長ブレジネフはバカだ、アホーだ、大バカだ！〟

警察官が駆け付け、男を逮捕した。

裁判が開かれた。裁判長は男に懲役二〇年を言い渡した。

男は抗議した。〝酔って騒いだだけだ。どうして二〇年だ!?〟

裁判長は言った。〝何と言って騒いだのか?〟

〝ブレジネフはバカだと言っただけだ〟

裁判長は重々しく言い渡した。〝国家機密漏洩罪である〟」

ことは言論の自由のない時である。密告がまかり通り、下手をすると有無を言わさず連行され、反体制の烙印を押されて、シベリア送りになりかねない危険があった時代だ。こんな危険な冗談を交わすことができるのは、本当に相手を信頼していなければできることではない。

こんな際どい話をする場面にはウォッカは欠かせない。台所の片隅のテーブルで、アルコール度四〇度以上の火酒をのどに流し込みながら、こんな笑いを披露し、密かに笑いあう。それは暗い笑いだが、笑いあえることが本当の仲間の証になる。心を許したものだけが楽しむ笑いである。ついでに言えばなぜかその場所は、気取ったリビングやソファの上ではなく、台所の小さなテーブルと決まっている。そしてウォッカをちびりちびり飲むことはない。飲む時は一気に一斉に底まで飲み干すというのが、ロシア式の流儀である。乾杯と言えばウォッカであり、ビールで乾杯することはない。

人類の最高の知恵である共産主義を目指すリーダーは立派な人でなければならない。リーダーがたとえ酒色に溺れていようとも、下々が知るリーダーは常に国民のことを心配し、世界の平和の為に腐心し、自分の生活を犠牲にし、昼も夜も国の為に働いている人物でなければならない。そんなことがあるか？

そこで好都合なのが言論の統制である。言論統制下ではどんな独裁者であっても神のような人物になれるのだ。

新聞やテレビが伝える理想的な指導者像を、では人々が信じていたのだろうか。

「敬愛すべき慈父のような共産党指導者が誘拐された。犯人からクレムリンに電話がかかって来た。

〝金を出せ。出さないと……生かして返すぞ！〟」

尊敬されない指導者は辛い。いくら当局が立派な指導者像を作り上げても、笑いの名人たちは本質を見抜き、笑いのタネにしてしまう。

「ソビエト共産党本部にアメリカから手紙が届いた。〝もし私がホワイトハウス宛に、アメリカ大統領はバカだ、と手紙を書いても、私の身には何事も起りません。ソビエトではどうでしょう?〟

ソビエト共産党本部は返事を出した。

〝アメリカ市民であるあなたが、クレムリン宛に、アメリカ大統領はバカだと手紙を書いても、あなたの身には何も変わったことは起きません。ご心配なく。〟」

この種の笑いは決してメディアに載ることはない。ところがその伝播力の速さは驚くべきものだった。新聞でもラジオ、テレビでも伝えられず、ましてインターネットがあったわけでもないのに、こんな話はたちまちにして国民の間に広まった。アングラジョークの世界を、人々は何故か「アルメニア放送」あるいはアルメニアの首都の名を取って「ラジオ・エレバン」と呼んでいたが、実際に放送を使わないのにどうしてあんな伝播力があったのか、研究に値するテーマだ。私は言論を押さえられていた人たちが「欲していた」ことが一番の力だったのではないかと考えている。押さえれば押さえる程、反作用で増幅する力である。

指導者とともに笑いの名人たちが俎上にのせるのは共産主義体制の矛盾である。冷戦時代はソビエト共産主義陣営と呼ばれ、共に共産主義世界実現のために手をたずさえて歩んでいるはずの世界が、後に天下に明らかになるように、気持ちはばらばらだった。東側の団結は、ソビエトの力の前に否応なく取り繕わざるを得ない悲しいものだった。

「ポーランドに最新の医学技術機器を備えた精神病院が完成し、世界各国から視察団がやって来た。ロシアからやって来た視察団が優れた設備を見学した後、ポーランド人の入院患者に質問した。

〝君は何故ここに入院したのかね？〟

患者が答えた。〝亡命しようとしたからです。〟

ロシアの視察医師団は不思議がった。〝おかしい。わがロシアでは亡命を図る者は政治犯収容所に入れることになっているのだが……〟

患者はポツリと言った。〝あっしはロシアに亡命しようとしたんだ！〟」

こんな話をロシア人から聞くと、私は何か自分もロシア人の仲間入りをしたような気になったものだ。信頼しない相手には話さない笑い話である。共産主義時代のロシアでは、外国人はスパイと思えと本当に教えられていた。教え込むだけではなく、外国人と接触したロシア人は当局に報告する義務を負わされていた世界で、指導者や共産主義体制を嘲笑する話を、外国人にするなど、心が通いあっていないと出来ないことだからだ。

私は政治ジョークを聞いてラジオのリポートの枕などによく使った。何よりも人々の本音が出ていると考えたからだ。共産党のお偉方や体制を笑うものは山ほどあり、後に本にして出版したほど集まったが、ほとんど聞かなかったのが革命の父レーニンを笑う話である。後を継いだ独裁者スターリンについては数多あるのだが、レーニンは別格であったように思う。学童達がレーニンの似顔絵を描くことも許されなかったほどで、極親しくなったつもりのロシア人でもレーニンを揶揄するような話をすることは避けたがったほどだから、共産主義に批判的な者でも、レーニンには何か犯しがたいものを感じていたのかも知れない。

共産主義を放棄した今でもモスクワの中心赤の広場に面したレーニン廟には、特殊な加工を施されたレーニンのミイラがまつられている。薄明かりに照らされたレーニンの顔はバラ色で、ヒゲも生えていて、つい今亡くなったばかりの人物のようである。年に一か月ほど修理と称して廟は閉ざされるが、実に奇妙な歴史の見せ物である。死者をこんな見せ物にするのは止めろという話がしばしば持ち上がるのだが、なぜか実現しない。レーニンを笑わない雰囲気も関係があるかも知れない。

共産主義のイデオロギーの支柱になっていたのは弁証法的唯物論である。庶民が弁証法的唯物論を笑えばこんなふうになる。

「神父のところに村人が集まり、弁証法的唯物論とはどういうことかたずねた。神父はこんな話をした。

〝ある時巡礼二人がやって来て宿を乞うた。一人は清潔な身なりで、もう一人はひどく汚かった。私は二人を招き入れ、風呂に入るようすすめた。さて二人のうちどちらが風呂に入ったと思うかね？〟

村人たちは〝汚い方の巡礼でしょう〟と答えた。

神父は〝違う。清潔な方だ。彼は清潔好きだ。汚い方は不潔に慣れてしまっているからだ。これで弁証法的唯物論がお分りだろう〟

村人たちはさっぱり分からず首を振った。神父はまた同じ話をして、同じ質問をした。村人たちは〝清潔な方だ〟と答えた。すると神父が言った。

〝いや、風呂に入ったのは不潔な方だ。汚い方は風呂を必要としていたからだ。これで弁証法的唯物論が理解できたじゃろ〟

村びとたちはあっけにとられて首をかしげた。すると神父はまた同じ話をして、同じ質問をした。村人たちは今度は自信にあふれ、〝二人とも〟と答えた。

ところが神父はその答えも違うと言った。〝二人とも入らなかった。清潔な方は清潔だから必要なかった。不潔な方はもう汚れに慣れっこになっていたからだ。さて皆さん、もうこれで弁証法的唯物論が理解できましたな〟

村人たちは当惑して黙り込んだ。神父はまた同じ話をして同じ質問をした。村人たちは小声で〝二人とも入らなかった〟と答えた。

神父はまた正解ではないと言った。〝二人とも入ったんだ。清潔な方は清潔好きだし、汚い方は風呂を必要としていたからだ。どうです、これでお分かりでしょう〟

村人たちはとうとう怒り出した。〝その都度答えがまったく違う、さっぱり分からん！〟

これを聞いて神父がにっこりして言った。〝その通り、正解！　まさにそれが弁証法的唯物論というものじゃ〟」

ロシアのさる地方でビルの屋上に登って街の俯瞰ショットを撮影したとき、警察官に尋問されたことがある。高い所に登って何をしていたのか、軍事施設を撮影していたのではないか。スパイではないのか、第一ロシア語を喋っているのはおかしい、というのである。外国人と会ったこともない、地方の実直な、職務に忠実な警察官と見たが、言い方は厳しく、悪くすると警察まで同行を命じられそうな雰囲気である。疑いが晴れることは間違いないが、長い話になれば取材の時間が惜しい。ここで私のロシアでの長年の生活の知恵が生きた。私は言った。

「スパイがどうしてロシア語を話さないことがあろうか」

端っからスパイであることを認めてしまったというわけだ。しかもウィンクもして。心配そうに成りゆきを見ていたロシア人の助手が、これを聞いて吹き出した。険しい顔の警察官もこの一言で破顔一笑、取材の成功まで祈ってくれた。

ロシアが共産主義を放棄してから数年後、日本で軍隊式の規律の厳しいことで有名な企業がモスクワに支店を開設した。有能なビジネス戦士が赴任し、優秀なロシア人スタッフを雇って活動を始めた。優秀な現地の人材、それに日本で経験を積んだ支店長と日本人スタッフ。これで実績が上がらないわけはない。

ところがそうは行かなかった。高給で雇ったロシア人スタッフが思ったように働かないのだ。日本での実績がある日本人スタッフはロシア人を叱咤激励する。しかし日本人スタッフが懸命になればなるほど、ロシア人達は動かない。暫くして日本人の方がおかしくなり、体調を崩してしまった。相談が私のところにやって来た。ロシア人スタッフと上手くやっている秘訣は何かと言うのである。

話を聞いて私は、軍隊式の厳しさから、ユーモアに方向転換をしたらどうかと助言した。「明日の朝は絶対に遅刻するな！」と命令するよりも、やんわりと一言「明日の午前九時はモスクワ風の時間じゃなく、日本風の時間だよ」と言えば良い。ロシア人は厳しさよりもユーモアに弱いことは、先の例でお伝えした通りである。

日本の企業戦士は戦術を転換した。軍隊式から、時にはいい加減とも見られかねないユーモアへ。そしてそれが効果てきめんだったことは、その後暫くして日本人スタッフの体調が回復し、実績も上がり始めたことで証明されている。

ソビエトの時代から笑いはロシアを知るのに不可欠の要素で、私は政治ジョークをロシア人と語り合うことを楽しみにしている。毎年数回はロシアに行き新しい笑いを仕入れるのが趣味だ。

しかし近年大きな変化が起っている。ジョークがすっかりつまらなくなってしまったのだ。言論が統制され、自由にものを言うことが出来なかった時代には、人々が知恵を絞って笑いを作りだしていた。そのネタもいっぱい転がっていた。ロシアが共産主義を放棄し、言論が開かれ、何を言っても咎められない結構な社会になって来たとたん、あの少し陰湿で、しかし腹の底から笑える政治ジョークがすっかり聞かれなくなってしまった。エリツィン時代はまだましだった。大統領自身が笑いの対象として恰好だったからだ。

つまらなくなったのはプーチン大統領になってからがひどい。ひどいと言ったが、国民の視点からすればまともな大統領があらわれ、結構なことだということだろう。では笑い作りの名人たちはどこに目を向けているか。

「英米独露の医者が集まり、互いに自分の国の医学の進歩を自慢しあっていた。イギリスの医者が言った。〝わが国の医学の進歩は目覚ましい。健康な人の肝臓の半分を肝臓病の患者に移植すれば、一週間後には患者もドナーも元気になり、職場に復帰することができる〟

ドイツの医者が自慢した。〝わがドイツの医学の進歩たるやそんなものではない。健康な人の肺の半分を患者に移植すれば、一週間後には二人とも働きに出ることができる〟

それを聞いてロシアの医者が言った。〝革命は失敗したが、わが医学は革命的な進歩を遂げた。健康な人の心臓半分を心臓病患者に移植する。そうすれば一週間後には二人とも元気になり、共に職探しに出かけることができる〟

皆いたく感心したが、アメリカの医師の反応は違った。

〝わがアメリカの医学の進歩はそんな生易しいものではない。医学技術を飛躍的に進歩させたことにより、テキサスの脳味噌のない男をホワイトハウスに連れて来て働かせることが出来た。その結果国民の半分がいま戦争をしている〟」

こんな話をしてロシア人たちがヒッヒッと笑っていた。かつて自分の国の指導者に向けていたあの笑いである。嘲笑の対象が自国の指導者からアメリカに代わった。建前はともかく、ロシア人にとってアメリカは憧れの国であったし、多かれ少なかれ、今もそうである。憧れの国の指導者が今ジョークの恰好のネタになっている。世論調査をすればイラクとの戦争でアメリカが負ければ良いと言う者が八〇パーセントを超え、アメリカが勝てば良いと答える者は数パーセントに過ぎない。テキサス出身の大統領を支持せざるを得ない、軽い国日本の国民としては笑えない悲しいジョークである。

敬意

二〇〇〇年、私はNHKを退職するにあたって一冊の本を書いた。タイトルは『1プードの塩』という。サブタイトルが「ロシアで出会った人々」となっていることから分かるように、私が長い間ソビエトロシアを担当してモスクワにも都合三回一一年間も暮らし、その中で付き合いのあったロシア人について書いたものである。

心から敬意を持った人もいれば、人間の弱さを見せた人もいる。私が結果的に嘘をついたことになってしまった女性もいれば、私が騙されてひどい目にあわされた人もいる。私自身がいやな脅しをしてしまった人物もいる。お手伝いさんから大統領やその取り巻き、世界中で高い評価を受けている音楽家など、私とさまざまな場面で接触のあった人たちのことを書いたものである。

私はこれをＮＨＫでの仕事の卒業論文だと思って書いた。何と言ったって人は財産である。その財産を多くの人たちや、とりわけジャーナリズムの世界に身を置く後輩達に知って欲しいと言うのが私の願いだった。１プードなどという聞き慣れない言葉が出てくるが、プードとは古いロシアの重量単位で、およそ一六キログラムである。今は使われない言葉だが、ただ諺として使っている。人のことを本当に知るためには一緒に一六キロの塩を食べる程長い付き合いが必要だ、という意味の諺である。軽々しく人を判断してはならないというわけだ。

そんな本を書いた私だが、読者の皆さんはこれまでお伝えしたことでお分かりの通り、私はプーチン大統領がどうも好きになれなかった。秘密警察ＫＧＢの諜報員だったという経歴も先入観としてもちろんあるが、そもそも私がほとんど敬意を持つことが出来ないエリツィン大統領の秘蔵っ子として世の中に出て来たことも気にいらないし、いつも相手を探るような目つきも好きになれない。

登場直後に行ったチェチェンへの軍事侵攻のやり方も、チェチェン人を人間として見ないような冷酷さが感じられたし、その後も彼の行動は私の反感を呼び起こすようなものばかりだった。繰り返しになるが、例えば大統領就任直後に、バレンツ海で最新鋭の原子力潜水艦が事故を起こして水深一〇〇メートルの海底に沈み、一一八人の乗組員全員が犠牲になった時など、プーチン大統領は黒海沿岸の保養地で夏休み中だったとかで、丸五日間も姿も見せず発言もしなかった。なんという冷たい人物だ！

チェチェン人達が二〇〇二年秋に武装してモスクワの劇場を襲い観客を人質にして立て籠った事件の処理も、多分強硬な態度に出るだろうと予想は出来ても、やはり彼がとった処置から人間の温かみを感じることは出来なかった。冷静に考えれば、潜水艦事故で大統領が騒いだところで乗組員が助かりっこないことは分かるし、劇場占拠のテロリストにほかの方法があったとは思えないが、どうも好きになれないという感情が先走る。

外交交渉に相手の弱味になる材料を持つことは当たり前の話だろうが、北朝鮮の金正日を賑々しくロシアに迎え、カメラの前でプーチンさんが普段はめったにやらないべたべたとした抱擁をするに至っては、嫌悪感さえ覚える。

しかし待てよ、と考えてみる。その人物が大統領就任三年もなるのに、どうして今以て七〇パーセントを超える支持を国民から受けているのだろう？　彼の前歴である秘密警察は、ロシア国民が一人として被害を受けなかった者はいないほど忌み嫌われる組織である。つい冷戦構造が崩壊するまで、プーチンさんはそこで働いていた。その後のやり方はお話しした通りである。嫌われて当然と私は思う。ところが事実は違っている。二〇〇四年春には大統領選挙が控えているが、今の情勢ではまともな対抗馬さえ考えられない程の勢いである。どうしたことだろう。

そこで頭に浮かんだのは〝1プードの塩〟である。私がプーチン大統領に対して抱いていたイメージの元になった情報は、すべてメディアを通じて得たものである。プーチン大統領の登場は私がモスクワを離れてずっと後のことだし、彼の登場が余り唐突であったために、下積み時代の彼に会ったこともない。何せ注目もしていなかった。

古い資料をひっくり返して見ると、プーチンさんがＫＧＢを辞めてサンクトペテルブルクの副市長を務めていた時代に、ゴルバチョフ大統領夫妻がサンクトペテルブルクを訪問したとき、目立たないように大統領夫妻の後ろについている写真があるだけだ。

会ってもいない人物の印象がメディアを通じて伝わってくる情報で固まってしまっている。これは〝1プードの塩〟の精神に反するではないか。とにかく会ってみることだ。

といっても相手は一国の大統領、こちらはもうすでに一線を退いている一介のジャーナリストである。どうすれば会うことが出来るだろうか。

私がプーチン大統領に対する先入観を捨て、冷静に考えて評価できる側面について思い浮かんだのがプーチンとスポーツの関係である。彼の行動の決断の速さ、機を見るに極めて敏しょうな動き、そして何時も相手を冷たいくらい冷静に見る彼の態度。いずれを取ってみても卓越したスポーツ選手に見られる特質である。彼は柔道の黒帯として知られている。サンクトペテルブルク副市長時代に初めて日本を訪問した時、講道館を見学しているし、その後沖縄サミットでやって来た時も、地元の子供達と柔道を披露している。

子供達と柔道をやった時、ロシアではこれがロシアの恥だと話題になったことがある。小さな女の子に背負い投げされる場面がテレビでロシア国内に伝えられた。柔道を知らないロシア人の間から、わが大統領が小さな女の子に軽々と投げ飛ばされるとは何事だ、恥だ、という声が起ったのである。無知からくる誤解である。だがこの時プーチンさんは何の説明もしなかった。

そうだ、柔道を手がかりにすれば会えるかも知れない。そんなことを考えて柔道の心得のある人たちに会い、プーチン大統領の柔道について聞いた。この人たちの言ったことが私をいたく驚かせた。プーチン大統領の柔道は本物だというのである。

本物とはこうだ。柔道家はまず礼を見る。プーチンが柔道場で見せた振る舞いは、まさに伝統に基づく礼に則り、柔道の心を体現している。格闘技として単に相手に勝つだけという柔道ではない、というのである。秘密警察の諜報員はスパイ映画程ではないにしろ、体力と格闘技の力量を要求される。敵を押さえ込むための格闘技として柔道をやっていただけではないのか、というのが私の素人の見方だった。専門家はその皮相的な判断を真っ向から否定した。目のあるものが見れば見えるのだ。

次に柔道家が指摘したのはプーチンさんの鍛錬の仕方である。プーチンさんは巴投げの技を見せた。この時五〇歳にはまだなっていなかったとはいえ、この年令で巴投げを仕掛けられるのは、日頃余程鍛錬していなければ出来ないことだと言うのである。日々訓練をしているに違いないと柔道家は言った。

礼を心得、鍛錬を積んでいる人物。柔道談義ができないだろうか。そんな考えの実現に力を尽してくれたのが、これまた〝1プードの塩〟である。この本の中でも取り上げているアレクサンドル・パノフ駐日大使である。外交官らしからぬ外交官というのが褒め言葉になるのかどうか分からないが、とにかく人物が大きい。些細なことまで本国外務省の指示を仰ぐような、小心よくよくとした人ではない。彼の人物像を描くことはここでのテーマではないが、仕事でも遊びでも付き合っていて本当に楽しい人だ。肝っ玉の据わった人物であることは一三年前ゴルバチョフ大統領を倒そうとしたクーデター事件の時などにも見事に示された。私の畏友である。

パノフ大使は柔道の話は面白いと私の意見を汲み取った。どういうルートでどういう工作が行われたのか、分からない。五月二三日の深夜パノフ大使から電話だ。大統領が週明け月曜日の二六日にコバヤシに会うといっている。間に合うか、というのだ。

間に合うも間に合わないもないだろう。大統領がインタビューに応じると言っているのだ。ビザは大使館が即日出してくれた。とにかく予定を全てキャンセルし、二五日に出発、翌二六日にインタビューが実現することとなった。と言っても大統領が実際に姿を見せるまで半信半疑であった。

半信半疑になるには理由があった。まず指定された二六日は中国の新しいリーダー胡錦A総書記が初めてロシアを公式訪問する日である。この日以降プーチン大統領は世界五〇もの国の大統領や首相をサンクトペテルブルクに迎え、建都三〇〇年の記念式典と会談をこなすことになっている。ただでさえ忙しい大統領が、のんびりと柔道談義などしている余裕があるものだろうか。

インタビュー場所として指定されたのはクレムリン宮殿である。こちらはゴルバチョフ時代にもエリツィン時代にも何回も入ったことがある。改装されてきれいにはなっていたが、基本的にはなじみの場所である。厳しいチェックを受けてインタビューの二時間前には待機した。大統領府のビデオとスチルの記録カメラマン、それに国営テレビのクルーも控えている。背景が良いように椅子と絨毯の移動も作業員が来て手際良くやった。ここまでやるのだからまず大統領は現れるだろう。

ところが時間になっても大統領の姿はない。ここで読者の皆さんは私が焦ると思うだろうが、そこは長年ロシアで暮らした知恵が働く。待つことには少しも驚かない。ロシアで時間通りと言うのはまずないと経験で分かっている。大統領府の報道担当者が電話で話している。インタビューの場所が変り大統領の公邸になったという。

公邸はモスクワ郊外西へ三〇キロの森の中にある。長い間モスクワに勤務し、クレムリンの大統領執務室を含めて色々な所に入ったことがあるが、一度も入れてもらえなかったのがこのノヴォアガリョーヴァの大統領公邸である。外国の賓客でも特別な人たちだけが招かれる。最近ではイギリスのブレア首相がここでプーチン大統領と会談した。

気温二六度、ひどく暑い日だ。一般の車は入れないからクレムリンの車で向かう。森の中の一本道は私もよく走った所だが、その中に要人の別荘が点在していて脇道は進入禁止になっている。大統領公邸は松と樫と菩提樹に囲まれたうっそうとした森の中にある。湖を見下ろす二階の大統領会見室にセッティングしてお茶を御馳走になりながら待つ。待つことまた二時間、警護の人たちの動きがあって大統領が現れた。なんとポロシャツ姿。これはしめたと思う。こういうくつろいだインタビューをしたかった。

やはり会って見るものだ。私が抱いているイメージと全く違う柔らかな表情だ。文字通りひざを交えての話になった。いきなり彼と柔道の出会いの質問に対する答えで私はびっくりした。

「貧しい家の倅だった。何時も通りをうろついていた。ごろつきだったということさ。そこでは芸術や文学の知識なんてものはまったく役に立たない。そこでの厳しい掟、それは喧嘩に勝つことだ。私は小柄だったから力をつけようとボクシングやレスリング、ロシア式の格闘技サンボをやった。そのひとつとして柔道も知ったわけだ。

両親はまた喧嘩の道具が増えるだけだと柔道に反対した。だが柔道を知って私は変わった。まっ先に教わったことが規律だった。街のごろつきの世界にはルールがないが、ここにはルールがあることが分かった。柔道で私の人生は変わった。柔道がなかったらどうなっていたか、想像もつかない。」

そこまで柔道の影響を受けた人生なのだ。

「柔道では相手の力を利用するが、初めはその意味が良く分からなかった。しかし訓練を続けるうちに理解できるようになった。自分の力や知識、能力だけではなく、相手を知っていればそれを使って勝ちにつなげることができる。」

彼が人と対面した時いつも冷静で探るような目つきになる背景がだんだん分かってきた。

「私は短気で、すぐに頭に血が上ってしまう方だ。それが好ましくないことを私は柔道を通じて分かった。自分の気持を抑えて、素早い反応、素早い行動をする方が効果的だ。そこで最高の結果を出すことができる。危機的な状況でもこうして今まで切り抜けて来た。」

彼の行動様式は柔道の教えに基づいているということになる。

「柔道は単なるスポーツではなく哲学だ。その意味は考え方、周囲の世界の捉え方、人間どうしの関係だということだ。柔道では相手への敬意を養う。そして柔道は伝統に根ざしている。柔道は日本の豊かな文化が生み出したものだ。日本の文化が人類全体の財産であるように、柔道も世界の財産だ。」

沖縄で小さな女の子に投げられて、ロシア国内では恥だという声が上がったことについて尋ねたら、こんな話をした。

「畳の上では皆が平等だというだけではなく、お互いに敬意を払わなければならない。相手に敬意を表す一番の方法は、相手が得意なことをする機会を与えることなんだ。」

インタビューの機会を与えられたから評価が甘くなったと思われると困るのだが、プーチン風に冷静に見て、プーチン大統領が柔道について話す時の表情は、私の中で作られていたプーチンの冷酷とも言えるような冷静な表情とはまったく違っていた。柔道について話すことが楽しくて仕方がないという顔つき、態度である。心から柔道が好きで、柔道に敬意を持っている。

一時間の約束だったが話は終わりそうにもない。私ももっと話し込みたかった。しかし脇に控えた報道官が私に向かって話を終わらせる様しきりにサインを送ってくる。

マイクを外した時プーチン大統領は見せたいものがあると歩き出した。建物の外に出て森の中を二人で話しながら二〇〇メートル程行くと、そこに現れたのは煉瓦造りの道場だった。道場の入口のホールには嘉納治五郎の等身大のブロンズ座像。かつては大統領の座を争う関係と言われたルシコフモスクワ市長が、大統領の誕生祝いに贈ったものだという。

道場は五十畳ほどはあるだろう。天井が高く、正面の壁には嘉納治五郎の大きな書と写真が掲げられていた。柔道を知らない私は礼もせず道場に入ってしまった。大統領は入口で立ち止まり、気持ち良い一礼をして入って来た。爽やかな姿だった。私は伝統への無知を恥じた。

カメラはここまでと言って、私だけを入れてくれたのは更衣室だった。白と紺の柔道着のほか、ロシア柔道サンボのウェアがならんでいた。もうひとつ見せようとドアを開けると二五メートルの温水プール。毎朝千メートル泳ぐのを日課にしているという。別れ際に嬉しそうにこう言った。

「ここで柔道の練習をするのは私だけではない。娘二人も柔道が好きで、ここでやっているんだ。」

報道官の介入がなければいつまでも続きそうな話だった。報道官に急かされて惜しそうに（と私は感じた）去って行った。急かされたはずである。私の直後に中国の胡錦濤総書記の一行がやって来ていた。

インタビューより数日前、プーチン大統領は年に一回の年頭教書を発表していた。その中で彼が目指すと公約したのは、一〇年で国民総生産を二倍にし、軍隊を近代化した強いロシアである。そしてその中に私の注意を引いた言葉がある。〝敬意を持たれる国〟である。ソビエトが崩壊して何が変わったと言って、この国が軽く見られるようになったこと以上の変化はないだろう。プーチン大統領が目指すのは、再び世界から敬意を持たれる国である。強い国の意味はそこにある。

そしてその思想の背景には柔道の精神がある。プーチン大統領との付き合いはまだ〝1プー

ド の塩〟にはほど遠いけれど、彼に対する私の見方は変わって行きそうな気がする。やはり会って見るものである。

大統領のホワイトタイ

プーチン大統領がホワイトタイの正装姿を見せた。所はイギリス、二〇〇三年六月下旬エリザベス女王に国の賓客として招待され、バッキンガム宮殿に滞在したときのことだ。それがどうした、と問われることを期待してお伝えしようというのが、これからの話だ。まず私がロシアの指導者のホワイトタイ姿を見たのはこれが初めてだ。

日本はそれほどでもないが、欧米の国では公式の場での服装コードはかなりやかましい。私自身ひどく赤面したことがある。ウィーン特派員だった三〇年も前のことだが、御存じザルツブルク音楽祭に招待されたことがある。カラヤンが健在で、カラヤンのお祭りと言われていた頃だ。切符には〝フェスティバルに相応しい服装で〟と、さり気なく書いてある。ダークスーツで十分だろうと出掛けて顔から火を吹くような気分を味わった。周囲はいずれもブラックタイ姿の人たちばかりだ。彼の有名な音楽会場での出し物はコシ・ファン・トッテだったが、その素晴らしさを十分堪能する余裕はどこかに失せ、幕間に他の招待客と談笑するときのことを考えると憂鬱な気分だった。周囲とマッチした服装にはそれなりの意味があるのだ。

服装では旧ソビエトの指導者たちも苦労をした。一九九〇年、ゴルバチョフ大統領がブッシュ大統領と首脳会談をするためアメリカを訪問した時のことだ。会談は勿論普通の背広姿でよい。しかし大統領主催の晩さん会はディナージャケットつまりブラックタイだ。アメリカ側はソビエトにこの旨を伝えた。しかしオペラや芝居の世界は別として、実際の生活でソビエトの社会にそういう服装は通用していなかった。何しろ労働者と農民の国なのだから。ゴルバチョフはどうしたか？　彼は普通の背広姿でブッシュ大統領主催の晩さん会に出席した。随員たちも勿論同様である。こういう時のために欧米では貸し衣裳屋があるのだが、ゴルバチョフはその世話にはならなかった。ブラックタイの晩さん会はそちらの儀礼だが、こちらにはその習慣がないのだからとはっきりしていた。それはそれで妙に爽やかでもあった。

その後ロシアの指導者たちがブラックタイ姿を見せるようになったのはエリツィン時代にな

ってからだが、政治指導者のホワイトタイ姿というのは見たことがなかった。ホワイトタイを必要とする機会がなかったのかも知れない。その機会がプーチン大統領のときにやってきた。エリザベス女王の国賓としての招待である。ロシアからの国賓は、何と一八七四年以来、一二九年振りのことだ。

一八七四年イギリスのヴィクトリア女王の王子とロシアの皇帝アレクサンドル二世の王女の婚姻が成立したのを機に、ロシア皇帝がイギリスに招かれて以来の出来事ということになる。その間国賓としての訪問が行われなかったのは言うまでもなく革命のせいだ。一九一七年ロシア革命で政権を握ったレーニンは時の皇帝ニコライ二世の一家から全てを奪い、ウラル山脈の田舎に追いやる。追いやっただけでは将来復活の芽が出るかも知れないという恐怖から、レーニンは皇帝一家の銃殺を命じ、遺体を山の中に捨てるという乱暴なことをやった。イギリス王室にして見れば、親戚を皆殺しにされたということだ。

一九八五年ゴルバチョフが登場して、イギリスも初めて話のできる男と評価をするのだが、ゴルバチョフでも皆殺しにされた皇帝一家の遺体の埋葬は出来ない。遺体が掘り出され、DNAなどの鑑定をし、代々皇帝一族が葬られているサンクトペテルブルクのペトロパヴロフスク要塞の教会に葬られたのは、エリツィン時代の末期である。

ではイギリスがエリツィン大統領を国賓として招いていても不思議ではないと思われるかも知れないが、そうは行かなかった理由がある。エリツィンは中央に登用されるまで、エカチェリンブルグの共産党の最高指導者だった。エカチェリンブルグこそニコライ二世一家が幽閉されていたところである。その家は七〇年代まで保存されていたのだが、エリツィンの「目障りだ」の一言で取り壊されてしまった。遺骨をペトロパヴロフスクの教会に安置するよう命じたのはエリツィンで、それだけ見れば実に人間的な行動だが、そこに至る前に皇帝一家への思いやり等なんら感じられない行動をしている。言動が時の流れのままにころころ変わる、ポピュリスト、エリツィンの面目躍如たるところだ。

エリツィンがイギリスの賓客となれ得なかったのにはもうひとつのエピソードがある。一九九二年一一月、エリツィン大統領はメイジャー首相の招きでイギリスを訪問した。エリツィン一行の宿泊先はハイドパークホテル。同行の私たちもこの高級ホテルに宿泊した。滞在中にエリツィン大統領はエリザベス女王からバッキンガム宮殿でのティーに招かれた。御存じのようにイギリスの一般家庭にティーに招かれると、そこでもてなされるのは本当にティーとビスケットくらいのものである。要はお茶を飲みながら会話を楽しもうと言う精神で貫かれたのがイギリスのティーだと言えるだろう。

大統領を招いて宮殿ではどんなお茶会になるものかと思っていたが、どうやらバッキンガム宮殿のティーにはお酒が出るものらしい。あるいは例外的に無類の酒好きのエリツィンのために、女王陛下が特別の計らいをしたのかも知れないが、とにかくエリツィン大統領はこのあとホテルのホールで予定されていた記者会見に、千鳥足の御機嫌で現れた。彼の行状を知るものには、そんなことは別に驚くことではない。しかし彼の冒頭の発言にはみんなが仰天した。

会場には記者団が大勢詰め掛け、カメラが放列を敷き、ロシアのテレビはロシア国内に生中継をすべく待機していた。御機嫌で現れたエリツィン大統領に最初の質問をしたのはイギリス人記者だった。「エリザベス女王にお会いになって印象は？」

「ううん、何と言うか、……普通のおばさんだった」

会場がざわめいた。一国の大統領が、宮殿に招いてもてなしをしてくれた女王陛下について述べた言葉である。私の近くにいたロシアテレビの幹部が小声で部下に「ビシュケック方式だ！」と命じていた。

ビシュケック方式とは説明が要る。九一年秋エリツィン大統領をはじめソビエトを構成していた一三の共和国の最高指導者たちが中央アジアカザフ共和国の首都アルマアタに参集した。エリツィン大統領は至極御機嫌だった。この年の八月に反ゴルバチョフのクーデターが失敗し、彼の大嫌いなゴルバチョフを助け出したのが自分であり、その後力関係は明らかにエリツィン有利に動いていた。一三か国首脳会議で酒も入りエリツィンは大はしゃぎだった。勢い余ってエリツィンは、隣にいたキルギス共和国のアカーエフ大統領の頭を、平手でぴしゃぴしゃと叩いてしまったのだ。エリツィンは大男、親日家で学者でもあるアカーエフさんは大変小柄である。なぜ〝ぴしゃぴしゃ〟なのかは、勝手に想像願いたい。この時もテレビカメラが廻っていた。当然このシーンは放送差し止めの措置が取られた。

以来テレビ関係者の間では放送差し止めを〝ビシュケック方式～ビシュケックスキー　ヴァリアント～〟と呼んでいる。キルギス共和国の首都がビシュケックだからだ。ハイドパークホテルからの中継はビシュケック方式で中断されたが、一度発言された言葉が消えるわけではない。翌日のイギリスの大衆紙は大喜びだった。八年の大統領在任中に、国賓として招かれても不思議ではないエリツィンが招かれなかったのには、立派な理由があったのだ。

初めてホワイトタイの正装した感想を尋ねられプーチン大統領は「少し窮屈だった」と漏らした。その姿の晩さん会でスピーチをしている写真があるが、少しどころか相当に着心地が悪そうである。窮屈な思いをしたかも知れないが、イギリスへの国賓としての訪問は、プーチン大統領が目指す、強いロシア、周囲から敬意を持たれるロシアへの大変大きな一歩の証明である。

国賓とはどんな扱いを受けるのか。ヒースロー空港にはチャールズ皇太子自らが出迎え、宿泊はバッキンガム宮殿。宮殿に入るのはかの有名な騎馬隊に先導されたきらびやかな馬車である。権力欲の塊で自らを〝皇帝ボリス〟と呼んではばからなかったエリツィン前大統領だったら、どんなに自慢をしたことだろうか。エリザベス女王夫君のフィリップ殿下、ブレア首相の出迎えを受け、四日間の滞在中にはイギリス王室ゆかりのスコットランドエディンバラ訪問、そしてビジネスリーダーとの会合も含まれ、観光と実務がうまくスケジュールされている。

ブレア首相との会談も設定されていた。この会談の二か月足らず前、プーチン大統領とブレア首相はイラク問題を巡って際どいやりとりをしている。モスクワを訪問し、会談後二人は揃って記者会見に臨んだ。

ブレア首相はイラク攻撃でブッシュ大統領を積極的に支持し、早期攻撃を促した人物。一方のプーチン大統領はフランス、ドイツの首脳と手を組み、攻撃はあくまで国連の査察を待って結論が出てからにすべしと、ブレーキをかけた張本人である。二人が会談のあとどんな話をするのか。プーチンの舌鋒は鋭かった。ブレアに向かい「大量破壊兵器はどこにあるのか？　サダム・フセインが塹壕に大量破壊兵器を抱え込んで、爆破しようと狙っているとでも言うのか？」と突っ込んだ。儀礼を越えた表現であり、ブレアを指差すしぐさも、本気であの早期攻撃に腹をたてていることを露骨に見せた。ブレア首相も時には通訳を遮って発言し、「プーチン大統領はその言葉を取り消すことになるだろう」とすごんだ。

こんなことがあって国賓として迎えられても対話が成立するものかとも思うが、そこは海千山千の政治家同士である。異常に短い会談だとは思うが、お互いにわれわれは真のパートナーだと言い、イラク戦争をめぐる意見の対立は過去のものであり、将来の協力関係を損なうものではないと、高らかに謳い上げた。心の内を推察するに、そう簡単にあの言葉のやりとりを過去のものだと水に流すことができるものだろうか。政治家として国を率いることは相当に腹ふくるるわざだと思う。

だが実際に両国の関係が、首脳同士の個人的な感情など問題にしないほど、固くなって来ていることを示したのが、今度の訪問である。それは経済的な結びつきだ。この訪問でもっとも実務的だったのがイギリス・ロシアのエネルギー会談だった。両国首脳が出席した会議で、イギリスの石油資本ＢＰはロシア第四位の石油会社ＴＮＫに六一億五千万ドルを投資することに正式に合意した。イギリスはロシアの石油天然ガスに目をつけ、早くから投資を続けているが、このような大規模な投資は例がない。これによってイギリスの二〇〇三年のロシアのエネルギー産業への投資額は一七〇億ドルにのぼることになった。イギリスはこれでロシアに対する最大の投資国になった。

「だからイギリスのロシアとの関係は単なる通常の通商関係に止まらず、わが国にとって基本的に戦略的重要性を持とうとしている」とブレア首相は挨拶した。エネルギーを通じた結びつきは政治的な思惑を越えて固いものがある。かつてソビエトがいやいや従う東ヨーロッパ諸国に、有無を言わせなかったのはエネルギーで首の根っこを押さえていたからだ。首脳同士が記者会見の席で非難の言葉をぶっつけあい、にらみ合ったことなど、この実務的な関係からすれば実にとるに足らないことだ。

そのイギリスにプーチン大統領を倒せと叫んでいるロシア人がいる。エリツィン大統領と結びついてわずか一〇年程の間に世界で有数の資産家になった政商ボリス・ベレゾフスキーである。共産党政権時代は気象台の技官に過ぎなかったが、ソビエト崩壊の混乱に乗じてロシアの石油、テレビ、自動車産業を手に入れ、ロシア一の金持ちになり、一時はロシア経済の半分を牛耳っていると豪語していた怪物である。権力欲、物欲旺盛なエリツィンの娘と組んで、国の富だけではなく、クレムリンの政治も動かしていた。ロシアには「雌鳥が鳴くとろくなことがない」という、女性からはひんしゅくを買うこと間違いない諺があるが、エリツィンの娘はまさにその雌鳥だった。

政商につきものの危険は政権の交代だ。そしてその危険が本物になった。エリツィンに代わって登場したプーチンは腐敗追放を看板に掲げた。ロシアの汚職腐敗は、日本で考えられているよりもおおらかにロシア国民に受け取られている。その受け止め方は、権力が腐敗しない訳はない、という経験則に基づいている。小は交通違反の警察官に対するそでの下から、クレムリンの大規模な汚職に至るまで、あまり潔癖に判断することはない。ということは自分がその地位につけば当然役得を頂くということになるし、役所での面倒なことはそでの下で解決するという知恵を身につけているということだ。

そんなロシアでもベレゾフスキーのやったことは目に余る。プーチン大統領はそこに目をつけた。政商ベレゾフスキーは自分が支配するロシア最大のテレビ局の電波を使ってプーチン批判に転じたが、権力にはかなわない。国家財産の不正取得の容疑で逮捕状を出され、ベレゾフスキーは国外に逃亡し、今はイギリスに居を構えてプーチンを倒せと叫んでいる。イギリスBBC放送のニュース番組にはしばしば登場する顔でもある。

ロシアはインターポールを通じてベレゾフスキー逮捕をイギリスに要請し、二〇〇三年三月に逮捕されたがすぐに一〇万ポンドざっと二千万円の保釈金で保釈された。イギリスの法廷は結局、ロシアの言うベレゾフスキーの容疑には確たる根拠がないとして、ロシアへの身柄引き渡しを拒否した。

ベレゾフスキーはイギリスのメディアを通じて、プーチンが一九九九年首相に就任した直後に、モスクワなど各地で高層アパートなどに爆弾が仕掛けられ、三〇〇人以上が死亡した事件はプーチンが仕掛けたものだ、といった発言をし、ロシア議会の反プーチン勢力にも多額の金を出してプーチン攻撃をしている。

イギリスがロシアに対する最大の投資国になり、大統領が一二九年振りに国賓として歓待されるというような関係を見れば、当然イギリスはプーチン政権の要請を受け入れそうなものだが、そうならないところが外交を心得ているゆえんだろう。日本の外交当局の北朝鮮に対する姿勢と比べて見れば、その差がはっきりする。外交に巧みな国には「相手を怒らせない方が良い」などという発想はないだろう。

プーチン大統領のホワイトタイの姿は、何でもない些細なことのように見えるが、彼が目指している外国からも敬意を持たれる社会への一歩だと言って大袈裟ではない。それは、ソビエト崩壊以来、世界の重要な事柄の決定に、相談にも与からせてもらえない悲哀を感じてきたロシアの人々にとって、自信を取り戻し、将来が明るくなるような出来事だった。

改革派のブラブラ

マエストロ、ロストロポーヴィチが日本にやって来た。サンクトペテルブルクの建都三〇〇年を記念して日本各地で行われたロシア音楽祭の最後を飾る公演のためだ。演奏会は二〇〇三年一二月一二日の一回だけで、恐らくマエストロが日本でチェロを弾くのは最後になるのではないかと皆が思っているらしく、チケットは発売二時間で売り切れたという。

当日は皇后陛下も見え、ハイドンとドヴォルザークのチェロ協奏曲に会場の拍手は鳴りやまず、涙を浮かべて感動を表現する人もいて、芸術の持つ力をしかと感じさせた。

ロストロポーヴィチに会うといつも音楽を離れた話になる。幸い時間が取れて、マエストロの大好物のアンキモをつつきながらの昼食になった。富山の冷酒がアンキモに合って、飲む程に食べる程に話ははずみ、いつものようにロシアの政治の話題になり、終わったばかりのロシア議会下院の選挙結果に及んだとき、マエストロはどぎついことを言った。

「改革派というのは口先だけのやつらばっかりだ！」

聞き捨てならぬ発言である。その「やつら」の中には、私が長く取材を続け、一時はこんな男がロシアの大統領になれば良いと思っていた政党のリーダーもいるし、若くて美しい女性議員で頭もよく、テレビで引っ張りだこだった人もいる。改革派の知事として登場し、日本ともつながりの強い若手の議員も入っている。いずれも今度の選挙で落選してしまった。

口先だけ、詰らぬことをしゃべるだけのことをロシア語で「ブラブラ」という。どうやら外国から入った表現らしいのだが、無責任をそのまま音にしている。世界的なマエストロがまさにこのブラブラを使ったのだ。

「どうしてか？」といぶかる私にマエストロが説明したのはこうだ。

一九九一年八月、ゴルバチョフをなきものにしようというクーデターが起った。クーデターに反対するものはホワイトハウスと呼ばれたロシア政府の建物に立て籠り、抗議を続けた。建物の外ではバリケード作りも行われ、建物内はクーデター派の勢力の侵入に備えて、入り口に机や椅子を積み上げられ、騒然としていた。

立て籠りのリーダーは、この事件で名を上げ、大統領になったエリツィンで、参集した人の中には改革派と呼ばれる政治家たちがいた。ロストロポーヴィチは前の年に国家が彼に謝罪して国外追放を解かれ、英雄としてモスクワに帰っていたが、その政治家たちに混じって彼もまたホワイトハウスに立て籠っていた。

立て籠りの記念だと彼が私にくれた一枚の写真がある。モノクロのその写真にはマエストロが左手で銃を持ち、右手を坐ったまま眠りこけている若い男の肩にかけている姿が写っている。〝チェロを銃に持ち替えての抵抗〟とタイトルをつけたくなる写真だが、真相はマエストロに万一の事があってはならないと銃を持って警護に当っていた若者が、徹夜の連続で疲れ果て、眠ってしまったのをマエストロが支えてやったのだという。

敵を撃つために握った銃ではないが、クーデターの時のこの行動は覚悟がなければ出来ることではない。そのときマエストロは改革派と呼ばれる人たちの言動をつぶさに見ていた。危機の時には人の本性が現れる。その時彼等を見た結果が「ブラブラだ！」という判断になったのだという。

並みの人間の話ではない。自ら世界を二分した一方の旗頭ソビエトという途方もない権力と闘い、一〇数年にわたり国籍を剥奪されるという仕打ちを受けながら、結局はその権力に詫びを入れさせ、勝った男である。当然人を見る目も厳しい。軽はずみな判断ではないだろう。

そんな話にガリーナ夫人も盛んに加わり、昼食が三時間にもなってしまった。

下院の選挙の結果が出て、改革派が惨敗し、与党系の議員が三分の二以上を占めることが明らかになった時、メディアは一斉に驚き、批判をした。政権のマスコミ統制が厳しかった、という分析から選挙の不正まで、いろいろ伝えたが、報道の芯になっていたのはプーチン政権への批判的姿勢だ。

日本でも共通していることだが、改革と言えば正しく、保守には否定的なイメージが定着している。ソビエトでクーデターが失敗し、その勢いでソビエトそのものが解体してしまったとき、まさに改革派と呼ばれる人たちの天下になった。改革派は即正義になり、改革派がテレビを始めとするメディアの寵児になった。

そんな時期にすでにわがマエストロは改革派の弱点を見通していたことになる。議会下院の選挙は、有権者がいまそのことに気がついた結果を示したものだとすれば納得である。

共産主義から資本主義へ、社会主義国家統制経済から市場主義、自由主義経済へ、という変化の中で、時の流れに乗ったのが政商たちだった。ロシア語でオリガルヒーとかニューリッチとか言われ、日本では新興財閥などとも呼ばれているが、要は悪い意味の政商である。腐敗したエリツィン政権とエリツィンの家族と結びつき、天然資源を中心としたロシアの富を獲得した人たちだ。何かを作り出して富を形成したのではなく、国の富を要領良くかすめ取ったものと言ってさしつかえない。

前に紹介したベレゾフスキーはそうやって、たちまちのうちにロシア一の大金持ちになった。プーチン大統領になってベレゾフスキーが刑事訴追され、イギリスに逃げ出した後、代わってロシアで一番の金持ちになったのがハダルコフスキーだ。政治と結びついて石油資源を手に入れ、銀行を興し、ソビエト時代は一介の青年共産主義運動の活動家に過ぎなかった若者が、ロシア一だけではなく、若い年代では世界二番目という個人資産を持つに至った。まだ四〇歳の若さである。

一位は言わずと知れたビル・ゲイツだが、ハダルコフスキーの個人資産は八〇億から一一〇億ドルにのぼるとアメリカの経済雑誌フォーブスが試算している。

ロシアでは月七〇ドルを生活するための最低線と決めているが、その収入すらない人たちが国民の二割以上いるという国での個人資産であり、たった一〇年そこそこで獲得したものであることを考えて欲しい。

ハダルコフスキーは自家用ジェットで世界を飛び回って世界の銀行家投資家と親交を結び、彼の経営する石油会社ユーコスはアメリカ式の透明な会計方式を導入した会社として評価されていた。政商ハダルコフスキーはロシアの外で有能な企業経営者として受け入れられていたということになる。

議会選挙を一か月余り後にひかえて、ロシア検察はハダルコフスキーを逮捕拘束した。国家財産の詐取、脱税など容疑事実は七つにのぼる。事もあろうにロシア一番の金持ちであり、世界の経済界からロシアの輝ける企業経営者として認められていた人物である。

巻き起こった反発批判は、さながらプーチン大統領を四面楚歌の状態に追い込んだ観があった。まず非難はアメリカから起った。財閥ロスチャイルドは、この逮捕はロシアの市場主義経済に疑問を生むもので、外国からの投資に障害になるだろうと警告した。

ロシア駐在のアメリカ大使は再三にわたって会見し、逮捕は政治的意図に基づくものではないかと懸念すると言い切った。ロシアは曲がりなりにも三権分立をかかげる民主主義国家だから、表向きは検察に大統領が指示を出すことはないが、これはあくまで表向きの話であり、エリツィン前政権のやり方を見れば、大統領が政敵を倒すために検察を使ったことははっきりしている。その歴史的経験則があったにしても、一国の大使が駐在国の検察を非難するというのは余程のことである。

メディアも政治的な逮捕だと一斉に批判した。ハダルコフスキーが野党の改革派に資金を提供し、政治に介入しようとしていたことに警告する逮捕だという。野党第一党の共産党にも資金が渡っていた。健全な野党を育てるための資金援助だとハダルコフスキーは説明していたが、こうした資金援助はハダルコフスキー自身が次の次、二〇〇八年の大統領選挙に出馬意欲を持っているためで、逮捕は出過ぎたまねはするなという警告だと、メディアは解説した。資金援助を受けていた政党はもちろん大声を上げた。これでロシアの市場主義経済は逆戻りする、大統領独裁の全体主義に舞い戻る、と非難の大合唱だ。

経営者の団体も、過去の国有財産の民営化が国有財産の詐取ということになってはたまらない、とハダルコフスキーを釈放するよう求めた。

株式市場は大きく値を下げた。

どこにも逮捕を賞賛する声は聞こえない。こうした反応だけを見ていると、プーチン大統領は随分損な役回りを演じているように見えるが、結果は御存じの通り、選挙での圧勝だ。

「石油天然ガスの価格高騰で、石油会社が思いがけずに上げた利益を国に吸収しようとした。三〇億ドルが国庫に入る見込みだったのに、その法案に反対したのはハダルコフスキーから資金援助を受けている政党だった。天然資源は多くの人の為に使わねばならぬ。極貧の生活をしている国民が五人に一人もいるというのは国家の恥である」

アメリカを始めとする外国やメディアの報道には、こういうプーチンの発言を喝采するものはない。ましてロストロポーヴィチが早くから感じていた改革派と言われる政治家のもろさについて指摘するものはなかった。それだけからロシアを見ていると、選挙結果は〝意外〟であり、〝驚き〟で、〝ソビエト時代への逆戻り〟、などという反応になってしまうのだが、何のことはないロシアの人々の気持ちが素直に結果に表れたというだけのことである。

選挙だけではない。一時大きく下落した株価も落ち着いた。ハダルコフスキーの逮捕で外国からの投資に赤信号が灯り、外貨が外国に逃げて行くと多くが予想した。現実はこの予想を裏切っている。

逮捕事件以後もロシアの外貨準備高は増え続け、特に選挙後に大きく増えて七一八億ドルに達した。一年間で二倍になっている。プーチン人気が四年も続いているのは、ブラブラではなく、具体的な成果に裏打ちされているからだ。

国民の支持は高く、大統領選挙で競い合う有力な候補も見当たらず、プーチン政権は万事順調にことが運んでいるように見える。世界がテロ、テロという影にかくれ、チェチェンでの紛争も話題になることは少ない。

しかし現実には毎日のようにロシア軍に犠牲者が出ている。前にも書いた通り、プーチンはチェチェン問題を勝手な独立を許さない戦いではなく、テロとの戦いだと位置付けている。そのために毎日犠牲者が出ていても、ロシアのメディアにはこれを大きく取り上げて批判することが憚られる雰囲気がある。

チェチェンでの戦い方に批判的だった改革派の議員も壊滅的に敗北し、力を失って、チェチェンにはますます目が向かない状況が生まれている。イスラム世界の支援を得て使命感を持って戦うチェチェンの兵士と、徴兵の新兵が多く戦意の低いロシアで戦いは長引くことになるだろう。

テレビが伝えなくてもその危険を一番承知しているのがプーチン大統領だ。チェチェンの南隣のグルジアでシェワルナゼ大統領が辞任に追い込まれたのはそこに関係している。

私はシェワルナゼの登場から失脚、その後故郷グルジアの大統領としての活動までつぶさに追って来た。彼がゴルバチョフと二人三脚でソビエトの外交を変え、冷戦構造を崩していった努力には心から敬意を持っているためだ。

九〇年に外相として日本を訪問した際には、当時外国人立ち入り禁止都市だったウラジオストクからシェワルナゼの特別機に同乗しインタビューをしたこともあるし、その後も長いインタビューを重ねてドキュメンタリー番組を作って来た。

それだから確信を持って言えるのだが、彼が失脚に追い込まれた誤算は、過去の業績に乗ってアメリカのみに頼ったことだ。ソビエトの外相として彼は冷戦の崩壊という歴史に残る業績を挙げた。そのために世界から高い評価を受けているが、ロシアでの評価は逆である。共産主義陣営を西側に売り渡したとして嫌われていると言ってもいい。冷戦構造が崩壊し、ソビエトが解体してグルジアは独立国になったが、経済的には苦しく、その上に民族問題を抱えて混乱に陥った。

そんな時故国の指導者として迎えられたのがシェワルナゼだ。世界的に知られた指導者がやってくればグルジアは良くなるという期待があった。シェワルナゼの取った政策は簡単に言えばロシア離れだ。ロシアに嫌われていることを知っているからどうしてもそうなる。グルジアに駐留するロシア軍の撤退をしつこく促し、カスピ海から黒海への石油パイプラインはロシア領を通らないよう経路を変更した。

チェチェンでのゲリラ活動に手を焼いたロシアは、ゲリラの避難場所と武器弾薬の補給路がグルジア領内にあるとしてシェワルナゼに対策を求めた。その時彼が手を組んだのはアメリカだった。ゲリラ対策にアメリカの軍人を招いたのである。

そんなもつれがあるから、ロシアからの電気天然ガスは止まり、首都トビリシでも停電は当たり前、冬でも暖房無しという悲惨さだ。選挙を機会にその不満が爆発し、デモ隊が大統領府になだれ込んだ時シェワルナゼはまっ先にアメリカのパウエル国務長官に電話した。アメリカとロシアが仲介に乗り出したと報道されたが、事実はパウエル長官が支援を断り、ロシアのイワノフ外相がシェワルナゼに辞任の引導を渡すために乗り込んだということだ。

グルジアは二〇〇〇年の夏一〇〇年振りという旱魃に見舞われ、基幹産業の農業は壊滅的な打撃を受けた。被災地を視察する大統領に私も同行したが、救済を求める農民に対し、シェワルナゼが言ったのは「心配するな。友人のアメリカが助けてくれる」である。彼の誤算はアメリカに頼り過ぎ、隣国ロシアとの良好な関係を作ることが出来なかったことだ。そして決定的になったのはプーチン政権が一番頭を悩ましているチェチェン対策でロシアと協力出来なかったことだ。「これでグルジアとの関係が良くなる」というプーチンのコメントがそのことを良く示している。

ではロシアがシェワルナゼの失脚を画策したのかと言えば、ロシアが彼の退陣を望み、結果としてそうなったという以上に具体的にどんな策謀があったのか材料を持たない。

ロシアの動きを見ていると「ビシュケック方式だ！」と叫びたくなることがしばしばだ。しかし表面的に「ビシュケック方式」に見えることも、裏の裏を考えれば、実はロストロポーヴィチの目のようなものだ、ということにもなる。何でも有りのロシアは一つの現象をいかようにも裏を考える事ができる魅力がある。その魅力は又、素直に物事を考える潔癖型の日本人にはひどく難物でもあるのだ。ロシア下院の選挙結果はそのことを教えてくれている。

白兎の手法

ソビエト連邦があっという間に崩れて無くなってもう一三年になる。世界を二分した片方の超大国ソビエトにゴルバチョフが登場して言論を開き、情報を公開し始めてから、それまでの共産党による一元的な情報統制のもとで隠されていたものがさらけだされ、国民が権力に対する信頼を捨て、ほころびがあちこちに出てはいたが、まさかソビエトそのものが消えてしまうとは予想も出来なかった。

オリンピックをはじめ、スポーツの国際大会の表彰台で掲揚される赤旗とともに、いつも響いていたのがソビエト国歌である。うんざりする程聴かされ続けたメロディーだが、ナチスドイツの敗色濃くなった一九四四年、スターリンのもとで制定されたこの国歌は、ロシアの人達にとってはこれを聴けば自ずと涙が滲むような感動の曲であった。

その冒頭にこう歌われている。

自由な共和国の揺るぎなき同盟
偉大なるロシアが永久に固めた
諸民族の自発の意志で作られた
類いなき、偉大なソビエト万歳（中略）
人民の力レーニンの党は
我らを共産主義の勝利に導く

こんな具合に、極東からバルト海にいたる様々な民族が自由の意志でソビエトの旗のもとに結集したことを賛美し、ソビエト政権が永遠であることを高らかに歌い上げている。その結集が自由の意志でもなんでもなく、バルト三国のように単にスターリンとヒットラーの密約による領土の分捕り合いの結果であることは後に天下に明らかになることだが、宗教も文化も歴史も何もかも大きく違う一〇〇以上の民族が、ソビエトという体制のもとに一つに固まったことは、みんな仲良く平和に！　と訴える理想主義者を感動させるにはそれなりの根拠があった。

独裁者同士の密約がばれて、ソビエトの中に組み入れられていたリトアニア、エストニアそしてラトビアのバルト三国がソビエトからの離脱を宣言し、これがきっかけとなってソビエトが崩れて行く。国家権力による嘘がばれた時の恐ろしさは、超大国まで崩壊させてしまう力まで持っていることだ。

ソビエトが消えてロシアになり、共産主義に変わって議会制民主主義と資本主義経済の国が誕生した。誕生から九年間ロシアには国歌が存在しなかった。オリンピックでもロシアの選手はソビエト時代と変わらぬ強さを発揮しアメリカと金メダルの数を争っているが、表彰台に立った優勝者達はメロディーに合わせて口を開くことが出来なかった。国歌そのものがなかったからである。

二〇〇〇年に登場したプーチン大統領は「国歌がなくてなんぞ強い国ぞ」と叫び、国歌を電撃的に制定した。

その新しい国歌はこんな具合である。

ロシア—神聖なる我が大国
ロシア—我らが愛する国（中略）
南の国から極北の地まで
われらが森と原野は広がった
世界に類いなき！　ただ一つの国
神よ愛する国土を守りたまえ

共産主義のソビエト賛美、民族の友好に代わって、大国ロシアを強調し、神を前面に押し出している。共産主義は御存じの通り宗教はアヘンだとして忌み嫌っていたイデオロギーである。

この二つの中身も歌い上げている思想もまったく異なる国歌を作詞したのが驚くなかれ同一人物である。その名をセルゲイ・ミハルコフという。ソビエト共産主義時代にはれっきとした共産主義者であり、選ばれた幹部である共産党中央委員でもあった。全ソビエトで千人程のトップエリートのひとりである。有名な児童文学者であり、ソビエト国歌を作詞しても少しも不思議はない。

問題はいくらソビエトが無くなったとは言え、つい一〇数年ほど前までまったく違ったイデオロギーを持ち上げていた男が、また新生ロシアの国歌を作詞したことである。日本的潔癖さというか、人間の素直な感情というか、私達からみるとどうもうさん臭い気がする。

だが、このことを理解しないとロシアはわからないのではないか、と言うのがここでお伝えしたいことである。

二つの国歌の作詞者の息子はロシアで映画監督をしている。ロシアをリードしている監督であり、私がかねてからロシア人のメンタリティーを知るのに格好の対象として目をつけていた人物である。

ニキータ・ミハルコフ。ロシアに関心はなくとも映画好きの人であれば誰でも知っている名前である。ソビエト時代にも彼の作品は日本で公開された。ミハルコフ監督にその名をなさしめた、ロシアの文豪チェーホフの作品をもとにした「機械仕掛けピアノのための未完成曲」では古き良きロシアを叙情豊かに見せてくれた。

　イタリアの名優マストロヤンニを主役に作った「黒い瞳」は西ヨーロッパでも高い評価を受け、マストロヤンニはカンヌ映画祭で主演男優賞を受けた。

　中国のモンゴル自治区で撮った遊牧民をテーマにした作品「ウルガ」ではベネチア映画祭のグランプリを受賞した。これはソビエト社会主義体制のもとでの活躍である。

　ソビエト体制のもとで映画はソビエトの文化の一翼を担う一大産業であった。モスクワの郊外のレーニン丘にはモスフィルムという国営映画会社があり、樹木に囲まれた広大なスタジオを持って映画を世に送りだしていた。モスフィルムだけでなく、地方の主要都市には同じような施設があり、映画館は人々の娯楽の場であると同時に、共産主義のイデオロギーを人々にしみ込ませる重要なプロパガンダの拠点でもあった。

　その産業には国の金がふんだんに使われた。そして金を出したものの当たり前の事として口も出した。検閲である。

　ゴルバチョフが登場してその様子ががらりと変わった。映画のような文化に検閲をするのは相応しくない、検閲を止めるから映画人はどうぞ自由に作品を作ってくれというわけである。

映画人が喜んだと思いきや、事情はまったく違っていた。映画人達が途方にくれてしまったのである。口も出さない、その代わり金も出さない、自分で資金を調達し、自分で良い作品を作り、観客を集めて儲けて頂いて結構、と言われた時、映画監督達は戸惑ってしまったのである。

旧体制のもとでは検閲さえクリアすれば金の心配をすることはなかった。それが勝手に自分で儲けて良いと言われた時、監督の多くはどうして良いか分からなくなってしまった。

私はゴルバチョフが登場する直前にソビエトの映画に出演したことがある。栗原小巻さんに惚れ込んで、彼女を主役にした映画を撮っていたアレクサンドル・ミッタ監督が小児まひ（ポリオ）のワクチンをテーマにした日ソ協力の作品を撮ることになり、私は小巻さんに誘われて、日本人ジャーナリスト役で登場したものだ。

そのミッタ監督が後にしみじみ言ったことがある。「ソビエト時代は映画監督の仕事のエネルギーは八〇パーセントが検閲をクリアすることだった。検閲をしないから勝手に作って良いと言い渡されたとき、正直どうしていいか分からなかった」というのである。ミッタ監督はロシア国内で映画制作を諦め、ドイツにわたって映画学校で教える仕事を見つけた。ミッタ監督にとどまらず、多くの映画人が故国ロシアを捨てハリウッドをはじめ外国に活路を求めた。ミハルコフ監督の兄コンチャロフスキーも映画監督だが、ハリウッドに仕事を求めて出て行った一人である。国内に留まったものの多くは、すぐに金になるテレビに流れて行った。暴力とセックスのお決まりの安物作りである。

映画人に限らず、それまで人類史上最高の智恵だと信じていたイデオロギーがダメだとわかったときの人々の心の動揺はすさまじいものがあった。真面目な人達ほどその動揺が激しかった。学校の先生などはその典型である。信じ込んで子供達に教えていたのだから、責任感を持つ教師ほどショックは大きく、体調を崩してしまう人も見た。

そしてそんな時にはびこるのが如何わしい宗教である。オウム真理教もその一つで、自信を失い悩む人達に、はじめはヨガを勧めて取り入り、やがて親も財産も捨てさせる信者に仕立てて行った。このカルトがわずか二年程の間に二、三万もの信者を獲得し、自前のオーケストラさえ結成できたのは、ひとえに信ずるものを一挙に失って途方に暮れていた人達がいたからである。

超能力者なるものも跋扈した。私とテレビの仕事で付き合いのあったテレビ局のプロデューサーにチュマクという男がいた。ある日テレビを見ていると彼が超能力者として登場し、視聴者に向かって「テレビの前に水を入れたグラスを置け。その水は私の出す超能力で永遠に腐らない」などと喋っているではないか。

昨日まで農業担当のプロデューサーとして地味に走り回っていた男が全国に向かって教えを垂れているのである。ソビエト全土で知らないものはいなくなった。混乱した時代でなければ起こらないことだ。

ちなみにその後の事を言えば、連日のようにテレビに登場していた彼が、少し世の中が落ち着くにつれて姿を消し、一九九五年私がロシアから帰った頃には画廊の経営者として少しサイケな絵を売っていた。二〇〇一年末にモスクワに行った時、超能力の先生がどうしているかと尋ねてみたが、もう世の中から姿を消し、消息を知るものも見つからなかった。

うさん臭い宗教が広がり、超能力者なるものがあっちにもこっちにも現れ、文化を担って来た人達がうろたえるような混乱の世相の中にあって、なぜか慌てず騒がず泰然と映画を作り続けていたのがミハルコフ監督である。私が関心を抱いていた理由はまさにそこにある。

政府が映画に金を出さなくなったとき、ミハルコフ監督は外国の資本に目をつけた。フランスなどから金を出させ、しこしこと撮った作品が例えば「太陽に灼かれて」である。スターリン時代の秘密警察に恋がからみ、ロシア人の心が描かれ、しっとりと美しく、しかし悲しく恐ろしい作品である。この作品には自らが出演し、まだ幼い娘も登場する。この作品は九五年のアカデミー外国映画賞を受賞した。

二〇〇〇年には大作を発表した。帝政時代末期を舞台にアメリカ人の女性とロシア人士官学校生との恋の物語。「シベリアの理髪師」という人を食ったタイトルだが、ロシア人とアメリカ人のメンタリティーが描かれ、ロシア人の心がなるほどと分かる作品である。ソビエト崩壊以来アメリカ映画に席巻されていたロシアの映画館がこれで大きく様変わりした。公開以来映画館には長蛇の列が出来、記録的な観客を動員している。

ロシア映画の衰退で多くの映画館がカジノやナイトクラブになってしまっていたが、記録を更新する映画の力で映画館に再び活気が蘇り始め、最新の設備を備えたものが増えている。ロシアの心を描き続けている一人の監督の力で、壊滅的になろうとしていたものに力がつこうとしている。

私の関心の持ちどころは間違っていなかった。監督には今会ってみる必要がある。二〇〇一年一一月ミハルコフと私のスケジュールが合って、長い間考えていたホンネのインタビューが実現した。

共産党一党支配の世界で名をなしたもの、要職にあるものが共産党員になるのは当たり前のことである。ところがミハルコフの経歴には共産党員の印がない。共産党員になるよう勧めはあったろう、党員にならなくて不都合がなかったのか、と尋ねる私に、「言っても信じてもらえまい」と言う。信じましょうと言う私に彼が説明したのはこうである。

共産党に入るよう働きかけはもちろんあった。だが堅苦しいイデオロギーに私生活から作品まで縛られるのはたまらない。そこで共産党の当局に自分で匿名の手紙を書いた。ソビエト社会は密告が当たり前の世界だった。

「ミハルコフは酒好き、女好き、ケンカ好きで、昨日もかくかくしかじかの騒ぎを起こした。共産主義社会の恥だ」と。

共産党からの呼び出しに「私はとても党員には値しない」と謙遜する。当局がつかんでいる密告文書といくつかの話が一致する。かくして党員として登録されるのを免れたというわけだ。

党員には定期的に集会に出席し報告書を書き、エリートとして課せられる義務が山ほどある。その義務をこなし、党に取り入り、さして才能もないのにモスクワ音楽院の教授になり、チャイコフスキーコンクールの審査員におさまっていたような人物もいた。ミハルコフ自己密告は映画作りに専念するための方便であった。

映画産業が国策の一つであった時代には国家が金と口をだし、検閲で厳重に作品を管理した。ミハルコフがその検閲をくぐったやり方を「白兎の手法」という。フィルムの中にストーリーとはまったく関係ない、例えば白兎のシーンを挿入する。検閲官は首をかしげ、これはおかしい、削除せよと命令する。監督は頑強に抵抗する。他のシーンはともかく、この白兎だけは譲れない、芸術家の良心だ云々と主張しまくる。検閲官も譲らない。えんえんこの論議で時間と精力を使いつくしたうえ、最後の最後に監督は折れる。仕方がない、節を曲げて白兎をカットしますと。

検閲官は自分の主張を通してホッとする。かくして監督が本当に切られたくないシーンから検閲官の注意をそらして、作品を守るという手法である。八〇年代の初め、ソビエト軍のアフガニスタン侵攻が行われていた頃、彼は社会問題を扱った作品を作る。家庭の崩壊、親子の断絶、アルコール禍など明るく正しいソビエトにはないはずの社会問題を喜劇と称して扱った「絆」という作品だ。深刻な社会問題を扱ったこの映画の最後の場面はアフガニスタンに出征する新兵たちのバカさわぎである。心あるものが見ればこの出征がひどく問題であることが読み取れる。

この一本の作品に一五〇〜一六〇か所の検閲が入ったという。しかしアフガニスタンに向かう兵士の騒ぎは「白兎の手法」で救われた。アフガニスタンへの軍事侵攻が死者一万五千人を超える犠牲者を出し、アフガン帰還兵が社会から疎外され、社会復帰が出来ず、麻薬と犯罪に走って社会問題を引き起こしたことを考えれば、白兎の手法で生き残ったこのシーンは見事な先見である。

ソビエト時代には支配政党の権威をくぐり抜け、検閲をかわし、ゴルバチョフのもとでも重きをなし、エリツィンのもとで強力な文化基金の総裁に就任し、そしてプーチンの時代になれば映画人同盟の議長になり、大統領を自宅に招いて影響力を行使する。そもそも冒頭で紹介した父親のロシア新国歌を採用するよう大統領に進言したのはミハルコフ監督である。

毎朝テニスで汗を流し、自宅のジムでトレーナーをつけて筋肉トレーニングに励み、作品の中には自ら皇帝役でかっこう良く登場するミハルコフ監督に、ロシアのインテリ達は、俗物の烙印を押している。

うさん臭い話もつきまとう。

ソビエトからロシアになったばかりの混乱の時期にロシアでは銀行が雨後の筍のように設立された。その中にチャラ銀行があった。チャラとは古いロシアで蜂蜜を入れた容器のことだが、この銀行は一年で一〇〇パーセントといった高い利子で音楽家など文化人からドルを集めていた。その勧誘をしていたのがミハルコフその人だった。およそ察しがつくようにねずみ講的な銀行はすぐに破たんした。私の知り合いの音楽家も外国公演で稼いだ外貨を注ぎ込み、文字通りチャラにしてしまった。監督は破たんの直前に元利を手にした、というのが彼に誘われ被害にあった文化人達の言い分である。

良い仕事をしている者には人格高潔、筋が通って清廉潔白な人物を期待する。それが日本の風土だろう。その範疇から大きくはみだすのが名監督ニキータ・ミハルコフである。ミハルコフには芯がない、と彼を好まないロシア人は多い。だがその人達も彼の作る作品には脱帽する。ロシアはミハルコフのような人物が大きな仕事をする社会であることを知らなければ理解できない。

考えてもみて欲しい。今ロシアの大統領は秘密警察ＫＧＢの出身者である。日本的な心情で判断すれば、そんな組織につい先頃まで属していた人物が、国民の支持を得られることなど考えにくいだろう。

事実を言えばその人物が大統領になり、大統領代行の時期を合わせればもう四年以上にわたって七〇パーセント以上の高い支持を国民から受けているのである。

ロシアは懐の深い国という。その懐には多少臭いのするお金も入っていると考えたほうが良いのがロシアであり、それがこの国の力強さ、しぶとさ、そして尽きない面白さの源泉である。

あとがき

「人喰いの悪魔が三人の男を捕まえた。アメリカ人、イギリス人それにロシア人である。悪魔は三人を完全密閉の部屋に閉じ込めた。蟻の通る隙間もない密室である。

悪魔は三人それぞれにこぶし大の鉄の球二個ずつを渡して言い渡した。

『二四時間後にこの球を使って俺を驚かせることが出来たら、お前らを喰わずに助けてやろう』

三人は懸命に考えた。一昼夜後、悪魔が現れた。

アメリカ人は球を使って手品をやってみせた。悪魔は少しも驚かず、すぐに彼を食べてしまった。

イギリス人は二つの球を使ってサーカスの芸人もどきのお手玉をやってみせた。悪魔は全く感激せず、彼も食べてしまった。

ロシア人だけを悪魔は食べなかった。驚いたのだ。何故って？　ロシア人は一つの球を壊してしまい、残る球をどこかになくしてしまっていたからだ。」

かつて共産主義時代全盛を極めた政治ジョークが、今のロシアですっかり駄目になってしまったことは本文の中でお伝えした。そんな中でロシアで今受けて、彼等がヒッヒッと笑っているのがこの小咄だ。

何が面白いんだ、と思われるかも知れない。ロシア人自身が、ロシアというのは訳のわからないことが起る国、ロシア人が、自分自身がよく分からない存在だ、ということを笑っているのである。

まして外国人がロシアとロシア人を分かろうとするのはなかなか難しいことだ。日本の基準ではとうてい理解しがたいことばかりだ。だからロシアは面白いということでもあるし、そこを考えないと北方領土も日ロ関係もさっぱり分からなくなるということでもある。

そんなことを多少なりとも知って頂きたくて書いたのが本書である。本になる前に『星座』というなんとも優雅な名前の「歌とことば」の雑誌に、言葉を通してロシアを語ろうと連載し、それに加筆したものだ。言葉にこだわっているのはそういういきさつによる。

連載の声をかけて下さった歌人の尾崎左永子さん、一冊にまとめることを奨めて下さったかまくら春秋社の伊藤玄二郎さん、そして連載の時から実にていねいに原稿の面倒を見て下さった編集者の近藤美樹さん、有難うございました。

二〇〇四年二月プーチン大統領再選を前に

小林和男

増補

常識を越えた世界・ロシア

私は毎年ロシアで合宿旅行をやっている。講演などで知り合った方や仲間を誘うのだが、私が狙うのはロシア嫌いかロシアに関心を持たない方、あるいはロシアはひどい国だと決めつけている人、それにソ連時代のロシアに行ってひどい目に遭った体験を持っている人など。そんな参加者が一週間の合宿で現実のロシアに驚くのを見るのが面白くてやめられない企画だ。

二〇一六年は「目と耳と舌で発見するロシア」をテーマに四月下旬の一週間の日程。参加者は勉強会を主宰しているご夫妻、物理化学の大学教授夫妻、建築家夫妻、ワイナリーの経営者夫妻と友人たちなど。プーチンが大好きと言う医療器機コンサルティング会社のとても変わった女性社長もメンバーだ。

合宿は、私を通じて個人情報保護法の適用はなし。お互いの仕事から趣味趣向まで事前に知った上での旅だ。事前のメールのやり取りで、成田に参集した時には皆さん旧知の仲のような雰囲気だ。

高い離婚率が人口増の原因？

合宿にお父さんに勧められて参加した青年がいた。お父上は共産主義時代のロシアに興味を持ち、趣味のカメラを持って旅をしたが、撮ろうと狙った物がことごとく撮影禁止で、自由の無いロシアにひどくがっかりした体験をしたのだという。その体験を息子に話し、今はどうなっているのかつぶさに見て来るようにとの課題を与えられての参加だ。青年も写真にめっぽう強く、その上大変な勉強家でどっさり予習をしていた。

この好青年が披露した話が、米国のキッシンジャー元国務長官の予言。キッシンジャーは冷戦崩壊前後に世界情勢の分析者として日本でもてはやされていた。「ロシアは間違いなく壊滅する。ロシアの男性の平均寿命は六〇歳。人口が激減して壊滅する」というご託宣が青年の頭に刷り込まれているという。だが今のロシアに消滅の気配はない。

合宿の良い点は、こうした疑問に的確に答えてくれる人たちと率直に話し合う機会があることだ。青年の疑問に、ロシアで大活躍している日本の会社の社長が答えてくれた。「男性がひどく短命であることは事実。だが人口が激減しないのには理由がある。それがロシアで繰り返される離婚だ」と言う。離婚が⁉「離婚再婚が二〜三回は当たり前。再婚で子供ができる。高い離婚率のおかげでロシアは救われている」と言う。一昨年離婚したプーチン大統領と新しいパートナーとの間にも子供がいるというのはロシアでは知られている話だ。

先進国で労働人口が増えている国は米国、ドイツに続いてロシアだという。米独とも移民による増加である。ロシアはといえばクリミアの併合とウクライナ南東部のロシア系住民の流入が原因だという。欧米の移民が言葉や宗教、教育などで問題を抱えているのに対して、ロシアに加わった新国民にはその問題はまったくなくみな即戦力だと言う説明だ。ウクライナ問題をこんな視点で見ることができるのはこの合宿ならではの収穫である。ロシアの常識は私たちには非常識極まりない。

合宿の間に世界が騒いでいた。昨年九月からシリアのＩＳを爆撃とミサイルで攻撃していたロシア軍が突然攻撃を止め、爆撃機を国内に撤退させてしまった。パナマ文書にプーチン大統領の親友の名前が出ていて、まるで大統領自身が腐敗の張本人のように騒がれていた。こんな時に合宿仲間はのんびりオペラやバレエを楽しんでいたのだが、ロシアを知るにはこれが大きな意味を持つ。その理由が次の話だ。

パルミラ遺跡のコンサート

オペラを楽しんだのには少しよこしまな意図があった。この日のオペラは世界のマエストロ・ゲルギエフの指揮で、合宿の日程はこの日に合わせて決めていた。一人の指揮者がなぜ合宿旅行にそんなに大切なのかには説明が要る。共産主義ロシアが力を失い、政治も経済も大混乱で国民が将来に絶望していたとき、ロシアは文化の力で立ち直れると説いていたのがゲルギエフだった。世界が注目するオペラを作り、国民に誇りと自信をよみがえらせ、その予言通りロシアは再び大国と呼ぶにふさわしい国になった。

その人物が、欧米の経済制裁や原油安でひどく落ち込んでいると世界から思われている時に何と言うだろうか。ぜひ会って話を聞かねばならないというのが彼のオペラに合宿のタイミングを合わせた理由だ。

三時間半のオペラを終えてさて話を聞こうとしたとき、彼は私たちを深夜のコンサートに招いた。彼の活動を支援して来たイタリア在住の日本人大富豪の追悼コンサートだという。慌ただしく会場を変えコンサートを聴き、さて話をという時には日付はとうに変わっていた。ゆっくり話し合う余裕はなかったが、一緒に記念撮影をしながらゲルギエフは「ロシアのこれからに自信がある。まあ見ておれ」と力強く言った。

合宿はかくして楽しくおいしく有益に終えたが、帰国したらゲルギエフがまた世界の話題を作っていた。ＩＳが占拠していたシリアのパルミラにオーケストラを率いて乗り込み、破壊の跡が残る遺跡の舞台でコンサートをやったのだ。冒頭プーチン大統領がソチから中継であいさつし、ゲルギエフが戦争ではなく音楽をと訴え指揮をした。演奏者にはタックスヘイブンのパナマ文書で名前の出たチェリストもいた。ゲルギエフやプーチンの友人でもある作曲家シチェドリンの作品も演目に入っていた。

合宿中ロシアのテレビは、パルミラの遺跡でロシア兵が地雷除去作業に当たる映像をしきりに流していた。危険を冒して日常を取り戻す活動をするロシア兵にも称賛が集まったが、ロシア人の心を揺さぶったのは文化遺産を守る姿だ。コンサートの趣旨には犠牲者追悼だけでなくユネスコの活動支援も含まれる。

ロシア人の価値観の中で文化は格別の意味を持つ。文化の持つ影響力が強いため、共産政権は音楽家など芸術家の統制に散々苦労した。文化と並んでロシアで重きをなすのが〝人脈〟だ。日本風に言えばコネということになるが、人間関係を律するお告げのようなもので、常識では不可能なことがロシアでできたりする裏にはこの人脈の力がある。その強さは良くも悪くもマフィアの世界と共通する価値観だ。

世界注目のシリアでのコンサートにプーチン大統領とマエストロ・ゲルギエフが組み、パナマ文書に登場のチェリストが演奏した。

そういえば、チェリストはプーチン大統領の娘の名付け親だ。日本人の素直な常識が通用しないロシアの世界を肌で感じた合宿だった。来年はどんな驚きに出会うだろう。

歴史とゴルバチョフとプーチンと

歴史に学ぶ！素晴らしい教えだ。素晴らしいから教えが実践されているかと考えてみると事実は逆で、この教えが守られていないからこそ、教訓として輝きを持ち続けているのかも知れない。

その中で歴史の教訓を実にうまく生かしているのがわが主人公ロシアのプーチン大統領だ。政権が長くなるに連れて私はその感を強くしている。今のロシアと欧米との関係に緊張感をもたらしているクリミア問題がそのことを教えてくれている。善悪、好き嫌いの判断はまったく別の問題で、これからお伝えする事の狙いはこれからのロシアの行くえを考えることにある。

二〇一四年ソチ冬季オリンピックを前にソチに近いウクライナで反ロシアの運動が急に高まった。原因はと言えば時のウクライナの大統領が大国のリーダーにはふさわしく無い人物で、国の金でとんでもなく豪華な公邸を造営し、自分の名前を入れた酒を作るといった馬鹿げたことをしたために、ウクライナの人々の批判が高まって反大統領運動が連日のデモになった。指導者がダメで経済がうまく行くわけもなく、経済は下降の一途で一般の人々の暮らしは悲惨な状況になっていた。

反大統領の動きがはげしくなった背景には暮らしに関わる国民の不満があったのだが、もう一つこれを好機と見ていたアメリカがあった。ロシアが弱い時にはアメリカは親切になる。ゴルバチョフの時代がそうだった。ロシアが強くなるのをアメリカは嫌う。一三年前ブッシュ大統領が国連の武器査察の結果を待たずに一方的にサダム・フセインのイラク攻撃を始め、結果としてその日から原油価格が高騰し始めて五倍にもなり、ロシアの財政が豊かになり大国ロシアの復活の元になった。これがプーチン政権の始まりと一致する。ロシアが強くなることを嫌ったアメリカはロシアの周辺諸国でさまざまな仕掛けをする。周辺諸国をＮＡＴＯに引き込み、反ロシアの運動を民主化の名の下に煽る。何とかの春という手法だ。民衆というのはこれに弱い。グルジアなどはアメリカの策動がみごとに思惑通りになった典型的な例だ。それで国民の暮らしが良くなったか、民主化が実現したかと言えば話は別だ。

ウクライナでもアメリカはダメ大統領がロシア寄りだったことを最大限利用して反ロ運動を煽った。副大統領など政権の要人が訪れて反ロ運動を支援しただけではなく、特殊工作員を送り込んで民衆の中に入り、デモの過激化に油を注いだ。困惑したのはプーチン大統領だ。ダメな大統領は確かに親ロシアだが、これを武力で倒すのはクーデターだと批判してみたが、世界のメディアも人々も民主化の味方だ。民主化と言う言葉にはうさんくさいものも含めてすべてきれいごとにしてしまうような力がある。プーチン発言が説得力を持つことは出来なかった。

危機感を抱いたプーチンが使ったのが歴史の教訓である。ウクライナで反ロシアの機運が高まる中で黙っていられなくなったのがロシア系住民だ。もともと親戚の国だからロシア系住民は全体の一七パーセントもいる。ロシアは悪だと決めつけられて黙ってはいられない。反ロシアの動きはロシア支援の動きも刺戟した。ウクライナの中でもクリミア半島はロシア系住民が圧倒的多数を占める。相手が民主化で攻勢をかけてくるなら、こちらも民主的な国民投票でいこうというひらめきだ。これが歴史の教訓とどう結びつくのかは後から述べるとして、まず事の経過だけを言えば、ロシアはクリミア地方政府に働きかけ、独立を問う住民投票を準備させた。

クリミアにはいわば先住民族であるモンゴル系のタタール人も住んでいる。南部の風土も影響して血の気の多い人たちだ。住民投票が民族対立から暴動にだってなりかねない。騒ぎになっては元も子もないからプーチン政権は警備のために軍隊を送り込んだ。迷彩服の兵士が兵員輸送車の列を作って入って来たから、テレビの報道で見れば明らかな軍事侵攻だ。メディアはその通り伝え、世界中の人たちがその通りだとプーチンの侵略を非難した。

結果を言えばその警備のもとで、一発の銃声も響くことなく住民投票は平穏に行われ、九六パーセント以上の人たちが独立に賛成し、地方政府はこれをもってクリミアの独立宣言をした。プーチン政権の議会は即日クリミアの独立を承認し、ロシアへの編入を許可した。ロシアからすれば国民投票の結果を尊重し、議会が手続きを踏んだ上での編入だが、欧米の視点からは併合だ。併合にはどうしてもヒットラーの手口がつきまとう。クリミアはソビエト連邦が崩壊し、ウクライナが独立してから外国領土になっていたが、欧米の反発をよそにロシアは再びクリミアを自国の領土としてしまった。このやり方には歴史の先例がある。

時は一八世紀半ば、かの女帝エカチェリーナ二世のロシア。エカチェリーナ二世は男性との関係でも大変な発展家であったが、領土拡張の意欲もそれ以上のものがあった。ウクライナの農民反乱を機にオスマントルコがロシアに宣戦を布告した戦争だが、ロシアは六年にわたる戦いで大勝した。一七七四年に講和が結ばれロシアは賠償金をたんまりせしめることになったが、それはエカチェリーナの狙いからすると小さな話だ。二五か条の講和条約の中に彼女の遠大な野心が詰まっている。

まずはクリミア半島とその周辺地域の独立を認めさせたことだ。これによってロシアは念願の不凍港を確保することになる。次は黒海からエーゲ海地中海への出口ボスポラス・ダーダネルス海峡のロシア艦船の自由航行権を認めさせたことだ。これによってロシアは世界の海に出口を確保し海洋大国の体裁を作り上げた。クリミア半島の独立は認めさせたがエカチェリーナはすぐにロシアに併合した訳ではない。時間をかけて環境を整え、九年後にロシアの領土として名実共にクリミアを手に入れてしまった。

ついでながらエカチェリーナが併合したクリミアの県知事に任命したのが、彼女の最愛の男と言われた軍人ポチョムキンである。恐ろしく頭が良い上にハンサムで士官学校時代に仲間に疎まれ片目をつぶされるという災難にあいながら、見事に軍人として成長した。面白いと言うか不思議なのはこのハンサムな軍人がエカチェリーナ女帝を大好きで、エカチェリーナも彼に夢中になる。ポチョムキンは女帝より一三歳年下だ。逆ではないところに不思議がある。横道に逸れるが二人が交わした手紙が残っている。まるで寝所の睦言のような文面だ。そんな手紙が保存されているのもロシアの不思議だ。

本題に戻る。エカチェリーナは併合までに九年をかけた。プーチンは即刻という違いはあるが、プーチン大統領が歴史に学んで今の政治に生かしている実例として分かり易い話だ。

ついでに言えばこのクリミアがロシア人の領土観と愛国心、民族主義の大元になっていることは、領土問題を抱える日本人としては頭に入れておかなければならない。ロシアとトルコはこのエカチェリーナの時代を含めて一四回も戦争をしている。その中でロシアのトラウマになっているのが一九世紀後半の戦い、クリミア戦争の名で呼ばれている。領土拡張を狙うロシアに対し、トルコ側にイギリス、フランスがつき世界規模の戦いになった。クリミア半島の軍港セヴァストーポリの戦いで有名だが、結果はロシアの大敗だった。四年に亘る戦いで帝政ロシアは国費を使い果たしてしまった。

国債発行で調達しようにも信用がない。今の日本と大違いだ。帝政ロシアが思案の末考え出したのが不要なものの売却。ロシアの話はホラのように大きくなるのはこの時も同じで、領土アラスカを売却してその場をしのごうという策だ。アザラシの毛皮をとるくらいにしか使っていないではないかいう不要論だ。と言っても日本の国土のざっと四倍一五二万平方キロメートル、おいそれとは売れない。アメリカに話を持ちかけた。時の国務大臣スウォードはロシアの足下を見た。叩きに叩いて一平方キロメートルを五ドル、占めて七二〇万ドルで買い取った。

アメリカにとっては良い取引をしたと思うが、アメリカ国内では無駄なものを買ったとひどく不評だった。国民はアラスカを「スウォードのシロクマ動物園、巨大冷蔵庫」と呼んで国務長官をバカにした。取引から数年を経ずして評価は一変する。金鉱脈が発見されゴールドラッシュ、石油は吹き出す、天然ガスは見つかる。今では彼の名前は地名や記念行事で敬われている。

しまったとロシアが悔しがっても手遅れだ。この取引の後ロシアでは帝政時代も共産主義時代も、そして今日のロシアでも教科書で獲得した領土は手放してはならないと、子供の時からしつこく教え込む。ロシアが領土にこだわり、領土が愛国心とナショナリズムの根源になっているのはクリミアのトラウマからだ。

ゴルバチョフからプーチン迄をテーマにロシアの不思議と面白さをお伝えして来た。そろそろ結びだ。ゴルバチョフは青年の夢のような理想を掲げて東西対決の冷戦構造を変えた。その功績は歴史的なものだと思うが、今のロシアでゴルバチョフの評価はどうかと言えば、肯定的に見る人はほとんどいない。支持率で見ればほとんどゼロに近い。その理由は領土にある。大ソビエト連邦の崩壊で一四もの国が独立した。失った領土は五四〇万平方キロメートル国土の四分の一にも当たる。人口は半分になり、多くのロシア人が新独立国に取り残された。

一方でプーチンは就任以来国民の多くから支持されている。最初の大統領二期八年の後四年は首相として実質的に国を率い、その後も大統領に返り咲いてすでに五年目、都合一六年を越える長期政権だ。これを強く批判しているのがゴルバチョフだ。その理由はロシアで長期政権はろくなことがないと言う。確かにゴルバチョフが内部から見て来たソ連の指導者ブレジネフは、死ぬ迄権力を手放さず一八年も最高指導者の地位しがみついた。末期のブレジネフはろれつは廻らず、人前に姿を見せる事すら出来なかったが、彼を取り巻いていたのは彼によって取り立てられ、権力の甘い汁を吸っていたものばかりだったから、引退の引導をわたすものなど出るはずも無かった。

ゴルバチョフは五四歳の若さで最高指導者に選出されたあと、このブレジネフの一八年間を

「停滞の時代」と一言で切り捨てた。プーチンが五年前また大統領選挙の候補になったときゴルバチョフが反対の先頭に立ち「長期政権はろくな事が無いではないか」と諌めたのにはそんなソ連の歴史の教訓がある。以来ゴルバチョフはプーチンに批判的な新聞を発行し、監視を続けていた。

そのゴルバチョフがクリミアの編入を受け直ちに反応した。「プーチンよくやった!」プーチン批判の人物でありながら、クリミアを取り戻したことにはかくのごとき反応だ。クリミアがロシア人の愛国心、ナショナリズムにどれだけ深く関わっているか分かるだろう。

ゴルバチョフもプーチンも歴史に学んで発言し、行動している。方や支持率はゼロに等しく、方や八〇パーセントというお化けの支持率を維持し続けている。高支持率のプーチンはまだ六〇台前半、二〇一八年五月で任期が切れるが後釜に座れそうな人物はまだまったく見えない。もう一期やりそうだと大方が考えている。歴史を見れば長期政権はろくな事がないというゴルバチョフが当たるのか、歴史を学んで国益を優先させているプーチンが長期政権のメリットを証明するのか、歴史を踏まえてみる見るロシアには面白さが尽きないが、紙面はこれで尽きてしまった。後は読者に長生きをしていただいて歴史の証人になっていただくとしよう。

演劇の国ロシア

役者が揃ったと言うべきか、世界の舞台にプーチンと言う悪役に加えてトランプと言う大物役者が登場した。ドラマはこれからどう発展して行くか、これほど連日連夜テレビにもネットにもご両人が登場して観客を湧かせているのは歴史に例が無いのではないか。

トランプさんの前任者オバマさんは優等生的な言動で危なげが無く、その分面白みにも欠けた。初の黒人大統領と言う売りもあって世界中が期待した。東西冷戦のさなかに颯爽と登場したハンサムボーイのケネディ大統領がベルリンで広場を埋め尽くしたベルリン市民を前に大演説をし、Ich bin ein Berliner！俺はベルリン子だと大見得を切って大向こうを唸らせたひそみに倣って、オバマさんもチェコのプラハに乗り込み、旧市街広場を埋め尽くした群衆に向って美しい演説をした。

ノーベル平和賞にふさわしく、世界の人々への差別の無い愛と将来の平和な世界への期待が溢れていた。この演説を収めたCDは大量に売れた。かく言う私も手に入れて聴いたが、八年後のいま聴く気にはならない。彼の演説で訴えた事が一つでも実現していたらこんな冷たい気持ちにはならなかったろう。言葉に真実が宿る為には実績の裏打ちがなければならない。

突然話が飛ぶが鎌倉の鶴岡八幡宮から由比ヶ浜に下る若宮大路から狭い路地を右に入った所に塀に囲まれた広大な屋敷が有る。表通りの小振りな商店からは想像もつかない立派なもので、門を入るとサッカー場のような広い芝生の庭があり、一番奥にはしゃれた二階建て洋館が立ち、その間には鯉の泳ぐ池がある。池は築山につながっていて、築山の上には銅板葺き檜作りのお稲荷さんの小振りな社が立っている。因にこの屋敷は通りからの小路は車一台がようやく通れるほどの細いものだから、わが出版社かまくら春秋社の方々もご存知無いかも知れない。

この屋敷がロシア外交の一端を担っている。ロシア大使館の別荘なのだ。大使館員の憩いに使われることもあるが、主な役割はロシア大使が賓客を招いて、静かな環境の中でもてなし会談をする場所として使われている。日本人だけではなく色々な国からの要人が招かれ、隠れた外交の舞台になっている。

これは日本のロシア大使館の例だが、主な国の大使館は例外無くこうした施設を持っている。日本の在ロシア大使館も郊外の林中に木造の立派な施設があり、アメリカのロシア大使館は大国にふさわしく海岸二箇所に樹木に囲まれた広大な敷地の施設を持っている。ロシア語ではダーチャと呼ばれ、日本語では別荘と訳されているが、ロシアがアメリカに所有する施設は写真で見る限り別荘というイメージとはほど遠い豪壮なものだ。鎌倉のロシア大使館別荘とは話にならないくらい規模の大きい施設だからさぞかし幅広く使われているのだろうと思う。

オバマさんが八年の大統領在任中の最後にやったのはロシアからこの施設を取り上げて使用禁止にしたことだ。オバマ政権は大統領選挙中にロシアがアメリカにサイバー攻撃をかけてクリントン候補を妨害し、トランプ候補を当選させるために運動に介入したと非難を続けていた。クリントン候補とその陣営が民主党内の有力対抗馬だったサンダース候補を排除する為に、民主党の選挙本部と裏工作をやっていたというような薄汚いメールのやりとりなどをハッキングして公表し、クリントン候補の妨害をしたというような話だ。

素直に不思議なのは、問題にされたのはそのメールが表に出されたことがロシア非難の理由になっているが、メールの内容が事実だったのかそうではなかったのかがまったく問題にされていないことだ。もし内容が本当だったとすれば、ハッカーはアメリカで隠されていた選挙運動のダーティーな部分を国民に知らせたことで咎められるより褒められるべきだと思うが、高級紙と呼ばれていた新聞も電子メディアもそのことには目もくれず、もっぱらハッキングそのものを非難し、犯人としてロシア攻撃に専念し、トランプの下ネタ探しにご執心だった。そもそも世界一の大国がロシアのサイバー攻撃程度で大統領が決まってしまうほどヤワな国かと疑問が残るが、名にし負うＣＩＡもＦＢＩもアメリカ大統領選挙にロシアがサイバー攻撃をしたとの調査結果をオバマ大統領に報告し、大統領は報復制裁として任期の終わる三週間前にロシア大使館の施設を取り上げた次第だ。

別荘を取り上げただけではなくロシアの外交官三五人を七二時間以内の国外退去処分にした。冷戦時代には気に入らないことがあると外交官の国外退去処分にするのはよくあったことだが、これだけの大量退去処分は珍しい。退去に別荘付きだからオバマさんはクリントン候補に引き継ぎが出来なかったことをよほど根に持っているのだろう。八年前民主的な黒人大統領として内外から期待されて登場した人物が最後にやったことは冷戦時代の手法を復活させたことだから、この皮肉はなかなか味がある。

さてロシアはどう応えたか。それが今回お伝えしようとすることの要だ。冷戦時代に限らず外交官の国外退去処分といった措置に対しては、同等の報復制裁をするのが外交上の慣例だと言う。オバマさんのやったような大量の追放には出くわしていないが、一人や二人の追放合戦は冷戦時代の米ソの間ではよくあった。理由は「外交官にふさわしくない行動」と言う決まり文句があった。

横道に逸れるがメディアの特派員についても同じことが頻繁にあった。この騒ぎには国柄が特徴的に現れた。アメリカやヨーロッパの特派員追放騒ぎでは堂々とお互いに追放し合い、欧米の特派員の場合には追放されてかえって箔が付き、ジャーナリストとして一目置かれる例が多かった。日本の特派員については違っていた。日本が先にロシア人記者を追放した例を私は知らないが、ロシアが日本人記者を追放処分にしたのはいくつもあった、しかしこの時日本は報復の追放処分をしていない。なぜというところに日本社会の特徴が現れた。

特派員の場合でも退去処分の理由は「特派員にふさわしくない行動」だ。国家の機密に触れるような食い込んだ取材をしたためというのもあったかも知れないが、側聞する所ではほとんどが共産主義ロシアで厳しく統制されていた通貨管理違反、平たく言えば闇ドルが原因だ。公式の交換レートと闇では何倍もの開きがある。ドルが欲しくて接近して来るロシア人は一杯いた。闇ドルが目当ての付き合いでなかったとしても、男女の付き合いに金銭が絡むのは不思議ではない。男女の付き合いは咎めなくても、為替管理は国家の柱だ。そんな経緯で「ふさわしくない行動」との通告が特派員の会社に伝えられる。本社は闇ドルといったスキャンダルが表に出るのを極端に恐れる。

ある日突然異動の時期でもない時に慌ただしく本社に転勤する。臨時の異動という形で穏便に済ませるから、当然日本側からの報復の措置はない。中には敏腕でロシアの機密を掴んだ記者がいたかも知れないが、〝臨時異動〟で帰国した人の帰国後の処遇を見ていると、残念ながら純粋にジャーナリストの仕事が理由ではなかったと思う。穏便に済ませるのを好む日本のメディアは当時のロシアにとっては扱い易かったに違いない。

話を戻そう。オバマさんの最後っぺのような制裁措置を受けて、ロシアのラブロフ外相は即座にプーチン大統領に対して、同数のアメリカ外交官追放とモスクワ郊外の二つの施設の閉鎖を進言した。同等の報復をするのが外交慣例だと説明付きだ。この時私は〝芝居だな！〟とピンときた。プーチン大統領は報復制裁をしないだろうと読んだからだ。大統領の考えを外相が知らないはずはない。アメリカを始め世界に形を整えて見せる芝居だ！

私の読みはその通りになった。しかしその事を外に向って発表する間もなく、一斉メールで全国の皆さんに知らせる時間もなく、すぐに大統領が「将来に生産的でない事はやらない」と発表した。報復の権利は留保するという条件付きだが、明らかにトランプ大統領の登場でアメリカとの関係が変わるのを見込んでの決定だ。

私の読みは世間に知られることが無いまま終わったが、この読みをした背景はロシア人の芝居好きをいつも感じているからだ。スタニスラフスキーの名前を出すまでもなく、ロシア人の芝居好きは病気と言って良いほどだ。モスクワだけでも芸術座、ボリショイ劇場・マールイ劇場、ダンチェンコ劇場、タガンカ劇場と世界的に有名なものからアングラ的なものまで含めて四十以上もの劇場がある。二七年前にゴルバチョフを失脚させようとした共産党保守派と治安機関のクーデターが起こったが、この時も数日間の夜間外出禁止令が解除されたとたん真っ先に劇場が再開された。

プーチン大統領自身が劇場文化に凝っている。サンクトペテルブルクにオペラ・バレエの殿堂マリインスキー劇場があるが、芸術監督総支配人の指揮者ワレーリー・ゲルギエフが四年前劇場の新館をオープンした時には、オープニングのセレモニーに自ら駆けつけ、丸二日間にわたって劇場でのイベントに参加していた。挨拶で劇場の活動の重要性を語ったことは言うまでもない。劇場が身体に染み付いている。

オバマさんの制裁にプーチン大統領は報復しないと言い、アメリ大使館員の子供達をクレムリンでの新年のお祭りに招待し、休暇はどうぞ今まで通り郊外の大使館付属の別荘でロシアの冬を堪能して下さいと言う。その上丁寧にオバマさんの家族にクリスマスと新年のお祝いを言い、幸せを祈ると伝えている。何とも芝居掛かった言い方ではないか。アメリカを追放されたロシアの外交官とその家族は政府差し回しの特別機で帰国し温かく迎えられたが、子供の学校の手続きなどでみんなてんやわんやだったという。この場面をドラマにしてみるとオバマさんとプーチンさんのどちらが嗤いものになり、どちらが賢く見えるだろう。アメリカの経済誌フォーブスが毎年世界で最も影響力ある人物を表紙にするが、ここ連続四年その人に選ばれているのはプーチン大統領だ。オバマ大統領が選ばれたことは一度もない。

この騒ぎを経て一月二〇日トランプさんが第四五代のアメリカ大統領に就任した。就任演説は深みが無いとこき下ろすメディアばかりだが、就任の演説を河内弁に翻訳した方がいる。こんな調子だ。

「ほんま長かった。ワシントンのほんま一握りの連中が国の政治のお陰でええ思いする一方で、アメリカのみんながぎょうさんその分のツケを払わされてきたんや。

ワシントンはええよ。そら賑やかで金持ちになったかも知れんよ。そやけどあんたらはその分金持ちになったか？楽になったか？ぜんぜん何にもありつけてないやんか。

仕事はのうなってもうたし、勤めてた工場も閉まってもうてもうあらへんやんか。

でももう心配あらへん。今日からガラっと変わるで！ワシが今日から言うたら、今！ここから！始まるんや」

関西弁に訳されるとなるほど大衆が付いて行く言い方だと分かる。ヒットラーもこんな言い方で大衆を惹き付けたのかもしれない。大した役者ではないか。

世界の舞台に強力な役者二人が揃った。今の世界はテロに難民と不安に満ちている。中東やトルコばかりではなく、西欧の主要国からカナダまでテロに巻き込まれ始めている。世界共通の大問題だが、今のように米ロが角をつい合わせている状態では解決は不可能だ。新しい二人の役者は頼もしい共通点を持っている。空論ではなく優れて実務、実益を尊ぶ人だ。そこに期待出来るところがある。トランプ政権にはロシアと話が出来る国務長官が起用され、新しい同盟関係の構築を画策している。

クリントン候補を支持してきたアメリカの大手メディアは新大統領へのあら探しを続けるだろうし、日本のマスコミもそれに引きずられるだろう。それはマスコミがおしなべて尊大で誤りを認めない特徴を持っているから予測出来る。その事を前提にして二人の役者が世界共通の難問に取り組むのではないかというのが、私が年の始めに描く夢だ。来年にはプーチン大統領の任期が終わるが、どうやら次も選挙に出るらしい。両役者の時代が続くことになるだろう。

数年後にはひょっとして二人がノーベル平和賞か、いやアカデミー主演男優賞を分け合うか。それとも大方のメディアが予測するようにめちゃくちゃな世界になるのか？　私は密かに前者に賭けている。

あとがきのあとがき

ゴルバチョフからプーチン迄ロシアでのさまざまな出会いとつきあいをお伝えして来た。歌と言葉の雑誌「星座」に連載したものだから、言葉には注意を払って来て、ロシアで不人気のゴルバチョフと支持率八〇パーセントというお化け人気のプーチンの違いが、二人が使う言葉に現れていると気がついた。プーチンはゴルバチョフが嫌いだ。少なくとも敬意を抱いては居ない。その理由は超現実主義者のプーチンと空想的とも言えるような理想主義者のゴルバチョフとの違いにある。

ゴルバチョフは東西対決の世界をかえるために改革を唱えたが、その柱になったのは「新思考外交」だ。自国の利益、共産主義の利益だけを追うのではなく、人類全体の幸せを考えようではないかという発想だ。確かにその発想にもとづいて米ソの話し合いが始まり、冷戦構造が崩壊し、東西対決の核軍拡競争も終わりを告げた。大した事をやったと思う。

プーチンにはそこが気に入らない。東西対決の世界は無くなった。しかしその結果ロシアはどうなったか。ソ連を構成していた国々の独立で国土は四分の一も減り、一億人ものロシア人が外国に取り残されていわば難民になってしまったではないかと言う。

プーチンのこの言い方がロシアの人たちの愛国心とナショナリズムを刺戟し、一六年もの間、ときには八〇パーセント以上の国民から支持されるお化けリーダーの力になっている。

私はゴルバチョフが政権の座についた時から身内のクーデターで力を失い失脚した時も、身近で彼を見てきたが、理想に燃える彼にはずっと好感を持っている。失脚から七年後にＮＨＫのドキュメンタリーの取材でインタビューしたとき、失礼な質問をしたことがある。

「ゴルバチョフさんはまるで理想に燃える若い学生みたいですね」と。「フン、私のような者は後世になって評価されれば良いのだ」と言った後の言葉にひっくり返った。「モーゼだってそうではないか！」自らをモーゼになぞらえるそのファンタジー。この発言は番組の中にきちんと記録されている。

大きく人類の将来を語るゴルバチョフに対して、プーチンの頭の中にあるのはロシアだ。ロシア国民の利益になるか、ロシアの安全に役立つかというのがすべてだ。ゴルバチョフとプーチンのこの違いが、片や一パーセントにも充たない支持率で今のロシア社会にまったく影響力を持たない元大統領と、時には八〇パーセントを越える高い支持を受け、ロシアの将来は任せておけば大丈夫と国民に頼られている長期政権の大統領との差になっている。

現実主義者のロシアの前にアメリカでも実利主義者、現実主義者のトランプが登場した。大分品性に欠ける選挙戦の時からトランプ候補はプーチンをアメリカ現職大統領より余程優れた指導者だと持ち上げ、プーチンもこれに応えてあきらかにトランプ当選を望んでいた。二人とも大した役者だ。人を惹き付ける物を持っている。現実主義者の二人が組めば今世界を不安に陥れている難民やテロの問題にあるいは解決の道が開けて来るかも知れない。少なくとも今迄の米ロ関係では解決できなかった難問だ。

二人の登場は日本とロシアの関係にも影響が出てくるだろう。気になるのは安倍首相の言葉だ。安倍さんは「新しい発想のアプローチ」でロシアに立ち向かうと繰り返している、プーチンの嫌うゴルバチョフの「新思考」が頭に浮かぶ。超現実主義者の二人を相手にするには実績に裏打ちされた迫力ある言葉を使わねばならない。日本の政治家には苦手な事だ。

言葉には魂が宿るとの教えを噛み締めながら話題の政治指導者の言動を見ている。その楽しみのきっかけを作って下さったかまくら春秋社の伊藤玄二郎さん、田中愛子さん、そしてこの改訂版に連載の一部転用を快く許して下さったＴＫＣ『戦略経営者』の植松啓介さん、心からありがとうございました。

二〇一七年二月米ロ大統領の言葉が世界を騒がせているとき

小林和男

本書は、『星座―歌とことば』（かまくら春秋社）一号（二〇〇一年一月）～一七号（二〇〇三年九月）、『戦略経営者』㈱ＴＫＣ）三五六号（二〇一六年六月）に掲載されたものに書下ろしを加えたものです。

小林和男（こばやし・かずお）
1940年、長野生まれ。東京外語大ロシア語科卒業、NHKに入局。70年にモスクワ特派員。72〜74年まで東欧移動特派員。その後、二度にわたり支局長としてモスクワに駐在。ソ連崩壊の報道でモスクワ支局長として菊池寛賞、ソ連・ロシアに関する客観報道でモスクワ・ジャーナリスト同盟賞受賞。NHK解説主幹を経てジャーナリストとして、放送のほか、講演、執筆に幅広く活躍。サイトウ・キネン財団評議員、日墺協会理事。著書に『エルミタージュの緞帳』（日本エッセイスト・クラブ賞）『1プードの塩』（以上NHK出版）等。

増補版
白兎で知るロシア
ゴルバチョフからプーチンまで

著　者　小林和男
発行者　伊藤玄二郎
発行所　かまくら春秋社
鎌倉市小町二―十四―七
電話〇四六七（二五）二八六四
印刷所　ケイアール

平成二十九年四月五日発行

ISBN978-4-7740-0712-0 C0095